ANGELIKA STARKL

Garten KULT

KOSMOS

INHALT

ANBAUEN

GEMÜSEGARTEN

Zu jedem Obst und Gemüse, das wir im eigenen Garten anbauen,
bekommen wir ein besonders inniges Verhältnis.

———

Gemüse selber ziehen

Alles, was im Garten wächst, ernährt und hält uns gesund. Das wussten unsere Ahnen und bauten deshalb auch an, was die Küche verlangte: Gemüse, Obst und Kräuter.

Nutzen Sie die ruhige, kalte Jahreszeit, um das Gemüsebeet für die neue Saison zu planen und das nötige Saatgut zu kaufen. Ergiebiges, kostengünstiges Saatgut macht es möglich, Gemüsesamen schon im Februar auf der Fensterbank vorzuziehen, später zu vereinzeln und im Glashaus oder Frühbeetkästen vorzutreiben. Achten Sie beim Kauf der Samen auf die Frische! Das Ablaufdatum steht auf der Packung. Wenn Sie altes Saatgut haben und wissen wollen, ob es noch keimfähig ist, so machen Sie die Keimprobe auf der Fensterbank: Probekörner auf nasses Küchenkrepp streuen, auf die Fensterbank legen und mit Folie abdecken. Keimen die Samen nach einigen Tagen, so ist das Saatgut in Ordnung. Wenn Sie in Zukunft selbst Samen von Ihren Gemüsepflanzen ernten möchten, sollten Sie Saatgut ohne den Zusatz „F1" kaufen, denn es bildet keine Samen aus, die zur Vermehrung dienen. In biologischen Saatgutbetrieben oder im Fachhandel finden Sie gute Qualität an Saatgut, das hohen Ertrag bringt.

ANZUCHT VON SAMEN

Für die Anzucht der Samen dient ein Anzuchtset oder ein Zimmergewächshaus, oder aber auch eine flache Schale. Wichtig sind Anzuchterde und eine Abdeckung, um den „Glashauseffekt" zu bekommen. Der Prozess des Anbaues ist immer gleich: Der Samen wird auf die Erde verteilt, bei den Dunkelkeimern wie Feldsalat, Kürbis, Neuseeländer Salat und Zichorie sieht man

TIPP

Starkzehrer sind Pflanzen mit starkem Nährstoffbedarf wie Kartoffeln, Tomaten, Kohl-Arten, Kürbis und Zucchini, Spinat und Zuckermais. Sie brauchen nährstoffreichen Boden und vermehrte Düngung während der Wachstumszeit.

1

2

3

4

1. Die Samen werden am Fensterbrett in Saatkisten vorgezogen.

2. Eine Abdeckung sorgt für das nötige Treibhausklima.

3. PET-Flaschen sind super zum Abdecken von Keimlingen.

4. Beschriften!

noch etwas Erde fein drüber. Erde vorsichtig mit einem Blumensprüher mit warmem Wasser anfeuchten und Saatgut abdecken. Der beste Platz: Ein warmes Sonnenfenster mit einigen Sonnenstunden am Tag. Staunässe sollten Sie vermeiden.

Sobald sich die ersten richtigen Blattpaare zeigen, wird pikiert: Man vereinzelt die zu dicht stehenden Sämlinge mit einem angespitzten Holzstäbchen in Quelltöpfe oder Pikierschalen und sortiert schwache Pflänzchen gleich aus. Etiketten nicht vergessen, damit Sie später wissen, was Ihnen erwachsen wird!

Praktische Aussaattöpfchen

Mit Quelltöpfchen oder einem Mini-Glashaus ist das Anbauen der Samen ein spielerisches Vergnügen. Die Quelltopfscheiben dazu gut angießen und warten, bis sie durch Wasseraufnahme aufgequollen sind. Dann die Samenkörner in der Mitte auslegen. Anschließend die Saattöpfe mit Haube abdecken, damit sich auf der warmen, sonnenbestrahlten Fensterbank ein „Glashausklima" bildet, das die Samen keimen lässt.

Mini-Glashaus basteln

Gebrauchte PET-Flaschen nicht wegwerfen! Mit einem Messer halbieren und die obere Hälfte als Abdeckung über vorbereitete Samentöpfe stülpen. Die PET-Flasche wirkt wie ein kleines Mini-Glashaus, wo Wärme und Feuchtigkeit erhalten bleiben. Die Samen keimen dadurch besser und schneller.

IDEEN FÜR DEN TRENDIGEN EINSATZ

Alte Körbe, Malerkübel oder Kisten kommen nicht gleich auf den Müll! Sie eignen sich bestens für eine alternative Pflanzung, die im neuen, originellen Kleid ganz besonders hübsch aussieht.

Mangold anders umgesetzt

Und zwar im Gitterkorb. Der Korb wird vor der Bepflanzung mit Jute ausgelegt. Er verhindert, dass die Erde beim Gießen durchrieselt. Mit guter Gemüseerde anfüllen und zwei bis drei Mangoldpflanzen einsetzen. Mangold kann die ganze Saison über geerntet werden.

Süßes wächst auch in einem Malerkübel

Im Handumdrehen wird aus einem Malerkübel ein Erdbeertopf! Am Boden ein paar Löcher machen, damit sich keine Staunässe bildet. Dann den Topf mit Erde anfüllen und die Erdbeeren einpflanzen. Eine Mulchabdeckung mit frischem Stroh gibt dem alten Malerkübel erst den bodenständigen Anstrich.

Scharfe Sachen in der Kiste

Sie mögen Chili? Dann ab damit in die Kiste! Holzkiste mit Vlies auslegen und das Vlies mit einem Tacker innen befestigen. So rinnt keine Erde aus.

1. Die Chilikiste – ein Hit bei jedem Grillfest.

2. Erdbeeren – auch im Malerkübel mit Stroh attraktiv. Mangold ist mit bunten Stielen ein farbiger Tupfen.

1

2

ABDECKUNG FÜR DAS FRÜHBEET

Wer besonders früh aussäen will, sollte ein Frühbeet mit Heizung benutzen. Aber auch ohne Heizung wirkt es wie ein Gewächshaus und Sie können schon ab Februar Gemüse anbauen.

1.
Die einfachste Variante für ein Frühbeet besteht aus einem Holzrahmen, der mit Erde gefüllt wird. Neben einer sonnigen und geschützten Lage ist die Abdeckung besonders wichtig.

2.
Ein Abdeckvlies ist licht- und wasserdurchlässig. Die Sonnenstrahlen erwärmen den Boden, die Bodenwärme bleibt erhalten. Dadurch werden die Saat und junge Keimlinge vor Frost geschützt.

3.
Regelmäßig muss das Frühbeet belüftet und gegossen werden. Das geht mit einer schlichten Abhebe-Konstruktion. Wickeln Sie dazu einfach das gespannte Vlies an der Längsseite mit einer schmalen Holzlatte ein.

6.
Leicht und handlich können Sie nun zum Lüften und Gießen die Vliesabdeckung aufheben und wieder schließen.

4.
Mit einem Tacker befestigen Sie das Vlies nun an der mobilen Latte, damit es stabil bleibt und nicht verrutscht.

5.
An den Ecken das Vlies mit Knoten befestigen. Die Verknotungen können später einfach gelöst werden, falls das Vlies noch gebraucht wird.

KLETTERGERÜST FÜR GEMÜSE

Ein Klettergerüst auf das Hochbeet ist für Bohnen, Erbsen und andere Hülsenfrüchte schnell gebaut. Die rankenden Pflanzen wickeln sich spiralig um die Schnüre.

Und so geht's

1. An den vier Ecken schlagen Sie runde Baumpfähle schräg mit einem Vorschlaghammer ein, überkreuzen und verschrauben sie. Löcher vorbohren, das schützt vor Spaltung des Holzes! Ein weiterer Baumpfahl wird in die beiden Kreuze quer darüber gelegt und verschraubt.

2. An beiden Längsseiten bohren Sie im Abstand von 30 cm von innen nach außen jeweils gegenüberliegend Schrauben ein. Spitze nicht durchbohren, da Verletzungsgefahr. An die erste Schraube knüpfen Sie die Bindeschnur.

3. Schnur nach oben ziehen und einmal über den Querbalken wickeln. Schnur auf die gegenüberliegende Seite nach unten ziehen und festknüpfen. Schnur zur nächstliegenden Schraube führen, verknüpfen, wieder nach oben spannen usw.

4. Wenn alle Schnüre am Rankgerüst straff gespannt sind, können Sie mit dem Pflanzen beginnen.

1. Mit Baumpfählen entsteht das Gerüst.

2. Schrauben (Nägel) halten die Bindeschnur.

3. Schnur doppelt um den Pfahl wickeln!

4. Schnelle Lösung für Stangenbohnen und Rankgemüse.

TOLLE KNOLLE AUS DEM SACK

Kartoffelernte auf kleinstem Raum, am Balkon, auf der Terrasse? Ja, das geht. Sie brauchen nichts weiter als einen Sack, Erde und 2 bis 3 Kartoffel-knollen. Gepflanzt wird, wenn keine Frostgefahr mehr besteht.

1.
Nehmen Sie einen ca. 40 bis 45 Liter Erde fassenden schwarzen Kunststoffsack. Schwarz absorbiert Sonnenstrahlen, die Erde wärmt sich auf.

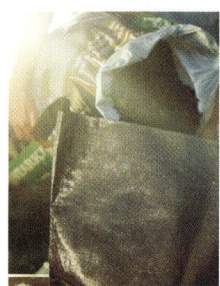

2.
Stauende Nässe vermeiden. Entweder füllen Sie eine ca. 10 cm hohe Drainage-Schicht aus Blähton ein, oder Sie bohren Löcher in den Sack. Füllen Sie 20 cm vorgedüngte Gartenerde ein.

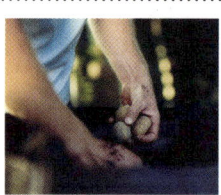

3.
Stecken Sie zwei bis vier Saatkartoffeln in die Erde. Wenn die Keime 10 cm lang sind, Erde nachfüllen, dass nur die Blattspitzen zu sehen sind. Dies wiederholen, bis der Sack gefüllt ist.

4.
Regelmäßig feucht halten.

5.
Stellen Sie den Kartoffelsack in die Sonne! Wenn die Blätter im Herbst absterben, heißt es: Zeit für die Ernte!

6.
Nach 120 Tagen sind die Knollen reif und Sie können den Sack aufschneiden. Vom frisch geernteten Gut können Sie wieder Saatkartoffeln aufbewahren. Alle 3 Jahre frische Saatkartoffeln legen, da sonst Krankheiten begünstigt werden.

1. Pilze kann man auch im Garten anbauen.
2. Tomaten in Öl – Pikantes für kalte Tage.

REZEPTE FÜR SELBSTVERSORGER

Das Einwecken und Einkochen ist dann ein Thema, wenn die Früchte reif werden. Fast alles, was im Garten geerntet wird, kann man konservieren: einfrieren, in Öl oder Essig einlegen, trocknen oder einkochen. Hier zwei besonders leckere Rezepte für Selbstversorger.

Pikant eingelegte Champignons

Zutaten 1 kg Champignons, 2 l Essig, ¾ l Weißwein, ¾ l Weißweinessig, 5 bis 6 Lorbeerblätter, 1 ganze Knoblauchknolle, 1 EL Zucker, ½ EL Salz, 4 bis 5 Schoten Chili, 4 Zimtstangen, Zweig Rosmarin

Zubereitung Alle Zutaten bis auf die Pilze in einem großen Topf in Wasser zum Kochen bringen. Brühe am Herd ca. 15 Minuten köcheln lassen. Inzwischen putzt man die Pilze und halbiert sie. Pilze in den Sud geben und 5 bis 7 Minuten bei geringer Hitze mitkochen lassen. Nach 15 Minuten vom Herd nehmen und noch heiß in Gläser füllen und verschließen.

Die Zimtrinde unbedingt entfernen, denn sie gibt einen bitteren Geschmack!

Getrocknete Tomaten einlegen

Zutaten 1,5 bis 2 kg Tomaten, 1 EL grobkörniges Salz, 5 bis 8 Knoblauchzehen, Olivenöl, Rosmarin und Thymian

Zubereitung Tomaten waschen, vierteln und von den Samen befreien. Auf ein Blech mit Packpapier legen und einsalzen. Mit frischen Rosmarinnadeln und Thymianblättern bestreuen. Mit etwas Olivenöl beträufeln und bei 80 °C in den Backofen stellen. Diesen einen Spalt offenlassen (Kochlöffel einklemmen), damit die Feuchtigkeit entweichen kann. 6 bis 8 Stunden trocknen lassen.
Gläser vorbereiten, mit Knoblauch und Basilikum den Boden bedecken, darauf die getrockneten, leicht überkühlten Tomaten schichten. Mehrmals wiederholen. Zum Schluss Gläser mit Knoblauch und Basilikum bedecken und mit Olivenöl auffüllen. Haltbarkeit: 4 Monate.

NASCHGARTEN

Frisch gepflücktes Obst vom Baum und die Beeren vom Strauch
schmecken am besten: Von der Hand gleich in den Mund!

Ein Garten zum Vernaschen

Wenn die Aprikosen, Birnen, Äpfel und Beeren reifen, ist es das größte Vergnügen, sie frisch vom Baum oder Strauch zu pflücken und gleich in den Mund zu stecken. Nicht nur Kinder, auch wir Erwachsene naschen frisches Obst gerne.

D as Wort Obst kommt übrigens vom althochdeutschen Ausdruck obatz und bedeutet Zukost. Wissen Sie, welches Obst ganz oben auf der Hitliste der Österreicher und Deutschen steht? Es ist der Apfel! Die Österreicher verzehren im Jahr etwa 29 kg pro Kopf und in Deutschland sieht es ähnlich aus. Wie schon das Sprichwort sagt: Ein Apfel am Tag und der Arzt wird gespart.

OBST IM TOPF

Für einen Topf-Obstgarten brauchen Sie vor allem einen sonnigen Platz. Himbeeren, Johannisbeeren, Stachelbeeren und Heidelbeeren lassen sich gut im Topf pflanzen, alle Erdbeeren sowieso. Brombeeren,

Taybeeren und Kiwis klettern an Wänden und Klettergerüsten hinauf. Für den kleinen Naschgarten in der Stadt, am Balkon oder auf der Terrasse eignet sich Zwergobst hervorragend. Ein Zwergobstbaum hat die Eigenschaften eines normalen Obstbaumes. Die Bäume werden nur 1,50 m hoch, tragen aber Früchte wie die großen, nur eben nicht so viele, weil sie weniger Platz am Baum haben. Kinder und ältere Menschen erreichen die Früchte leicht, weil der Baum so klein ist. Pro Baum sollte der Topf 60 cm Durchmesser haben und 60 cm hoch sein. Je tiefer und größer das Gefäß, desto besser der Wasser- und Nahrungsspeicher.

TIPP

Bei der Pflanzung des Obstbaumes muss die Veredelungsstelle oberhalb des Erdreichs bleiben, weil sie sonst fault oder Schädlinge eindringen. Vor der Pflanzung wird der Wurzelballen gelockert und aufgeraut, um das Anwachsen zu fördern.

OBSTBAUM EINPFLANZEN

Der beste Zeitpunkt für die Obstbaumpflanzung ist der Frühling oder Spätherbst. Man unterscheidet zwischen wurzelnackten Obstbäumen, solchen mit Ballen und Obst im Topf. Wurzelnackte Obstbäume können nur im Frühjahr (vor dem Austrieb) und im Herbst (nach dem Blattfall) gepflanzt werden, Ballen- und Topfobst aber das ganze Jahr. Bei den Obstbäumen sind die Kultursorten auf speziellen Unterlagen veredelt. Nur die Kultursorte trägt Früchte.

Anleitung

1. Sie heben ein Pflanzloch aus – so groß, dass die Wurzeln genug Platz haben. Ein Bodenaktivator wird in die Pflanzerde gemischt. Die Veredelungsstelle ist an der Verdickung am Stamm erkennbar. Sie darf nicht mit Erde bedeckt sein.
2. Ein Baumpfahl wird schräg zum Stamm 30 cm in den Boden eingeschlagen. Für Stabilität umwickeln Sie Stamm und Pflock mit einem Juteband achterförmig und schnüren das Band in der Mitte fest. So bleibt ein Abstand zwischen Stamm und Pflock.
3. Nach der Pflanzung die Erde gut antreten und einen Gießrand machen. Diese Baumscheibe verhindert das Abließen des Wassers. Fest eingießen. Der Pflock kann nach 2 Jahren, wenn der Baum angewachsen ist, entfernt werden.

1. Verwenden Sie immer nur Qualitätserde beim Einpflanzen.

2. Ein weiches Band schützt vor Stammverletzungen.

3. In den ersten Wochen nach der Pflanzung gut eingießen.

ERDBEERLEITER AUS PET-FLASCHEN

Aus gesammelten PET-Flaschen lässt sich im Handumdrehen eine hübsche Erdbeerleiter basteln. Die Methode ist ganz einfach. Bepflanzt man die PET-Flasche mit Hängeerdbeeren, werden diese so dicht und buschig, dass nach einigen Wochen von der PET-Flasche fast nichts mehr zu sehen ist. Das Basteln der Erdbeerleiter macht auch Kindern großen Spaß. Sie brauchen dazu: Mehrere PET-Flaschen, ein scharfes Messer, eine dicke Schnur, gute Pflanzerde und Hängeerdbeeren Ihrer Wahl. Die Erdbeerleiter sollte sonnig bis halbschattig platziert werden. Wenn die Erdbeeren Früchte tragen, wird die Leiter ein perfektes Naschvergnügen für die ganze Familie. Noch dazu nimmt sie wenig Platz ein und ist kostengünstig herzustellen. Eine grandiose Idee für alle, die mit wenigen Mitteln großen Nutzen erzielen wollen.

Und so geht's

Zuerst in die verschlossenen PET-Flaschen mit einem scharfen Messer zwei große Löcher schneiden. Anschließend Erde einfüllen. Nehmen Sie stets gute Pflanzerde oder eine spezielle Erde für Beerenobst. Diese ist vorgedüngt und garantiert die Nährstoffversorgung der Pflanzen für die ersten Wochen, bis sie eingewurzelt sind. Nun die Erdbeeren einsetzen und die Flaschen mit einer festen Schnur zu einer Leiter verknüpfen. Gießen! Die Erdbeerleiter kann frei hängend, aber auch an einer Wand befestigt werden.

1

1. Gebrauchte PET-Flaschen sind ideale Pflanzgefäße. Mit kleinen Löchern auf der Unterseite kann das Wasser abrinnen.

2. Mit der Zeit umwachsen die Hängeerdbeeren die Flaschen.

2

KLETTERGERÜST FÜR BROMBEEREN

Brombeeren bilden im Boden starke Ausläufer. Sie wuchern als Kletterpflanzen sehr wild und überwachsen alles, wenn man sie lässt. Dem schaffen Sie Abhilfe.

1.
Brombeerpflanze in einen großen Kunststofftopf einsetzen und in der Erde versenken. Die Wurzeln können so keine Ausläufer mehr bilden, sie werden vom Topf gehindert.

2.
Schlagen Sie Baumpfähle als Abgrenzung des Brombeerbeets ein und klopfen Sie diese mit dem Vorschlaghammer fest in den Boden.

3.
Bohren Sie in Knie- und Hüfthöhe Löcher in alle Baumpfähle.

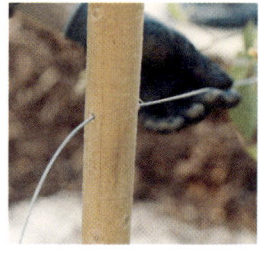

4.
Ziehen Sie einen festen Draht durch die Löcher und spannen Sie ihn zum nächsten Baumpfahl.

5.
Der Draht wird nun in alle vorgebohrten Baumpfähle eingefädelt.

6.
Bequem zum Naschen und trotzdem schön im Zaum gehalten.

7. FERTIGE BROMBEERSPERRE

KIWIZELT MIT WEINREBEN

Kleine und große Naschkatzen werden mit dem Kiwizelt viel Freude haben, wachsen ihnen doch die leckeren Früchte später fast in den Mund.

1.
Fixieren Sie den Mittelpunkt für einen entsprechend großen Kreis mit einem Holzstock und binden Sie eine Schnur daran. Den Radius des Kreises festlegen. Wie groß soll das Zelt werden?

2.
Dann markieren Sie mit einem Farbspray den Radius des Kreises, indem Sie die Schnur anspannen und rundherum gehen.

3.
Ist alles gut eingezeichnet, können Sie die runde Kreisfläche mit einem Spaten abstecken und die obere Rasenschicht abtragen.

4.
Mit einer kreisförmig zurechtgeschnittenen Unkrautfolie decken Sie den Erdkreis mittig ab, sodass ein 30 bis 40 cm dicker Erdrand zum Einsetzen der Pflanzen übrig bleibt. Mit Flusskies planieren.

5.
Acht stabile Eisenstäbe werden nun über dem Mittelpunkt des Kreises zu einer Pyramide zusammengefügt und mit Kabelbindern fest verbunden.

6.
Zu jeder zweiten Strebe werden abwechselnd eine Weinrebe und eine Kiwipflanze in den Boden gesetzt. Gut eingießen!

7.
An den Rändern bringen Sie nach dem Pflanzen einen Kreis mit Rindenmulch aus, der den Unkrautwuchs verhindert.

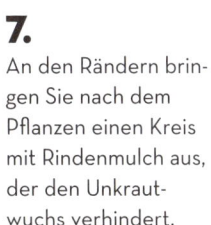

8.
Ist das Zelt einmal bewachsen und ganz dicht, werden die Kinder ihre Freude daran haben. Ein Ort zum Verstecken und zum Obstnaschen.

KRÄUTERGARTEN

Bei keiner anderen Pflanzengruppe liegen Schönheit und
Nützlichkeit so nah beieinander wie bei Kräutern.

Kräuter für das Wohlbefinden

Dieser Garten freut den Gaumen wie die Augen. Dort verschafft eine würzige Gesellschaft der Küche Gerüche, eine heilende Apotheke trägt zur Gesundheit bei und die Naturkosmetik erscheint im attraktiven Duftkleid.

Küchenkräuter gehören zum Garten wie das Salz in die Suppe. Ein sonniger Standort in der Nähe der Küche ist dafür ideal. Wer das nicht hat, baut Kräuter in Töpfen an.

KRÄUTER PFLANZEN

Die Kräuter sind als Schwachzehrer ziemlich anspruchslos und brauchen nicht viel Pflege. Nehmen Sie beim Pflanzen fertige Kräutermischungen, diese Erden sind mit Sand angereichert, was alle Kräuter mögen. Die mediterranen Kräuter wie Rosmarin, Thymian, Salbei und Oregano brauchen einen Platz in der Sonne. Pfefferminze, Beifuß und Basilikum gedeihen ganz gut im Halbschatten und kommen mit wenig Wasser aus.

Das Basilikum ist heikel. Es braucht mehr Wasser und hin und wieder Dünger, um buschig zu werden. Es sollte immer gegen Schnecken geschützt werden. Die mehrjährigen mediterranen Kräuter verholzen gerne, deshalb muss man sie schneiden. Am besten im Frühling, bevor die Pflanzen wieder austreiben. Faustregel: Ein Drittel des Krautes kann weggeschnitten werden.

KRÄUTER KONSERVIEREN

Kräuter lassen sich gut trocknen: in Bündeln locker zusammenfassen und an einem trockenen, dunklen Ort kopfüber aufhängen. Man kann sie problemlos in Öl einlegen. Die einfachste Methode ist das Einfrieren, gleich nach der Ernte.

TIPP

Zu häufiges Düngen lässt die Kräuter ins Kraut schießen. Das geht auf Kosten der Inhaltsstoffe. Also nicht düngen! Mediterrane Kräuter wachsen in ihrer Heimat unter trockenen Bedingungen. Deshalb eher wenig gießen.

1. Man muss die Latten nur zusammenstecken.
2. Anschließend die Kanten fixieren.
3. Mit Erde befüllen.
4. Am Schluss bepflanzen.

HOCHBEET MIT STECKSYSTEM

Die aus dem Holz einer Gebirgslärche stammenden Teile sind alle vorgefertigt. Diese besondere Lärche wächst sehr langsam in 1000 Metern über dem Meeresspiegel in der Tauernregion. Sie ist robust und wetterbeständig. Durch das Schwalbenschwanz-Stecksystem lässt sich das Hochbeet kinderleicht aufbauen. Wichtig ist, dass es gerade steht. Auf den Boden kommt ein feinmaschiges Gitter gegen Wühlmäuse. Dieses Basismodul kann individuell erweitert, verlängert und sogar um die Ecke gebaut werden. Man kann's ergänzen durch Rankgitter, oder auch mit einer Abdeckung versehen.

Anleitung

Die Hochbeete werden ohne Leim und Nägel gebaut, das Holz braucht keine zusätzliche Behandlung. Die Querlatte entschärft die Kanten und kann beim Pflanzen als Abstellfläche dienen, sie wird nur festgeklopft. Die Eckkanten werden mit rostfreien Stahlplättchen verschraubt. In 25 bis 40 cm hohen Schichten kommt: 1. Astwerk, 2. Strauchschnitt, 3. Grünschnitt, Grasschnitt und Laub. Die oberste Schicht besteht aus Kräutererde. Achtung! Die Erde senkt sich ab. Das Hochbeet wird dann mit Kräutern bepflanzt. Es sollte immer in der Sonne stehen, da fast alle Kräuter die Sonne lieben.

KRÄUTER IM HOCHBEET

Ein Kräuterhochbeet, das in der Nähe des Hauses aufgestellt wird, ist praktisch: Jederzeit sind frische Kräuter schnell zur Hand. Kräuter lieben die Sonne. Zahlreiche Kräuter bevorzugen durchlässigen Boden, andere geringen Nährstoffbedarf. Dies ist beim Anlegen zu beachten, denn der Boden eines Hochbeetes bietet meist

Auf Augenhöhe: Kein Bücken mehr und keine Kreuzschmerzen beim Anbau im Hochbeet.

sehr viele Nährstoffe. Rosmarin, Lavendel, Salbei, Thymian und Majoran gedeihen am besten auf magerem Boden. Diese Sorten lieben Erde, die mit mindestens einem Drittel Sand vermischt ist.

Bei der Bepflanzung sollten Sie die Wuchshöhe berücksichtigen, daher hohe Kräuter wie Liebstöckel, Estragon, Rosmarin und Salbei nach Norden pflanzen, so nehmen sie den niedrigeren Sorten keinen Platz weg. Halbhohe Sorten wie Kapuzinerkresse, Kerbel, Pfefferminze und Anis in der Mitte platzieren. Niedrige Kräuter wie Schnittlauch, Petersilie, Kresse und Majoran ordnet man in dem Bereich des Hochbeets an, der nach Süden liegt. Die Kräuter können Sie gleich nach dem Pflanzen in der Küche anwenden, da die Bedingungen in einem Hochbeet für Pflanzen ideal sind.

Vorteile gegenüber Topf- und Beetkultur

– Optimale Nährstoffversorgung durch Rotte- bzw. Zersetzungsprozesse
– Schutz vor unliebsamen Fressfeinden wie Mäusen oder Schnecken
– Hervorragender Wärmehaushalt – für wärmeliebende Kräuter vorteilhaft
– Anbau von Kräutern auch bei ungünstigen Bodenbedingungen
– Sinnvolle Verwertung von Gartenabfällen und Kompost

ROLL UP: HOCHBEET MIT STECKSYSTEM

Die Montage dieses Hochbeetmodells ist einfach: auspacken, aufrollen, feststecken, festzurren.

1.
Auspacken. So sieht das Rollbeet aus, wenn es ausgepackt wird.

2.
Zusammenstecken. Die einzelnen Hölzer werden oben und unten mit einem starken Band zusammengehalten und nur ineinander gesteckt. Man steckt Kante für Kante ineinander.

3.
Festzurren. Den Gurt festziehen und verschließen, fertig.

6.
Vielfältig einsetzbar. Die runden oder ovalen Modelle eignen sich nicht nur für Kräuter, Gemüse oder Blumen, sie sind auch hervorragende Komposter.

4.
Befüllen. Schicht für Schicht Strauch- und Grasschnitt sowie Laub einfüllen. Ganz zum Schluss kommt die Erde. Achtung! Die Hochbeetfüllung setzt sich oft um 20 bis 30 cm.

5.
Bepflanzung. Kräuter mit Topf zunächst platzieren und dann, wenn optisch alles passt, einpflanzen.

Ein hängender Garten mit Basilikum, Currykraut, Melisse, Thymian, Petersilie, Salbei, Rauke und Minze.

KRÄUTERLEITER BASTELN

Für eine Kräuterleiter brauchen Sie: 2 Holzbretter mit Breite 20 cm, 8 Tontöpfe mit 12 cm Durchmesser, 1 Seil mit 8 m Länge, Lochbohrer, Stichsäge und Bleistift.

Anleitung

– Vier Tontöpfe kopfüber in Reihe auf das Brett stellen, Ränder ausmessen und Lochdurchmesser mit Bleistift auf dem Brett abzeich-

nen. Löcher für die Seilaufhängung vorbohren.
– Mit der Loch- bzw. Stichsäge die Löcher für die Töpfe und das Seil ausschneiden. Seil einfädeln und verknüpfen. Seil spannen und kontrollieren, ob alles in der Waage ist. Bei Bedarf nachjustieren.
– Die Kräuterleiter aufhängen und mit verschiedenen Kräutern bestücken. Eventuell noch mit originellen Steckern beschriften.

MASSNAHME!

Löcher für die Töpfe ausmessen und anzeichnen.

1

2

1. Einjährige Kräuter werden aus Samen gezogen. Sie können im Zimmer vorgetrieben werden.

2. Minzen und Melissen wuchern wie Unkraut – wenn man sie lässt.

MINI-KRÄUTERGARTEN FÜR BALKON UND TERRASSE

Es gibt eine Lösung für Familien, die nur wenig Platz zur Verfügung haben oder gar keinen Garten nutzen können: Sehr viele verschiedene Kräuter lassen sich in einem Gefäß auf dem Balkon ziehen. Wichtig! Manche Kräuter kommen jedes Jahr wieder, sie sind winterhart und mehrjährig. Andere sind nur einjährig und müssen jedes Jahr aus Samen gezogen oder neu gekauft werden.

Die Zarten

Die Zarten sterben bei Frost ab und müssen jedes Jahr neu gepflanzt werden. Sie sind nicht winterhart: Basilikum, Kerbel, Kresse, Pimpinelle, Bohnenkraut, Dill, Koriander, Kamille. Die zweijährigen Kräuter überdauern einen Winter: Fenchel, Kümmel und Schnittpetersilie.

Die Harten

Die Harten überdauern viele Jahre im Topf, im Hochbeet oder Beet, werden groß und buschig, sind winterhart und treiben jedes Frühjahr wieder neu aus dem Boden hervor. Man nennt sie mehrjährig. Zu ihnen gehören: Majoran, Oregano, Thymian, Salbei, Liebstöckel, Schnittlauch, Estragon, Beifuß, Wurzelpetersilie, Pfefferminze, Melisse, Fenchel, Rosmarin (ist mehrjährig, braucht aber Winterschutz).

Die Starken

Melissen und Minzen machen starke Wurzelausläufer und überwuchern schnell die anderen Kräuter. Setzt man sie in einen großen Topf und versenkt ihn in der Erde, werden die Wurzeln dieser Wucherer durch die Rhizomsperre in Schranken gehalten.

TISCHHOCHBEET

Was Sie dazu brauchen: bemalte Holzkiste, 4 Zaunlatten aus dem Baumarkt, Bohrmaschine, Schrauben, Tacker, Vlies, Erde, Pflanzen.

1.
Vier Zaunlatten für die Ecken abmessen und vorbohren. Latten an die Ecken der Kiste anschrauben.

3.
Kiste mit Vlies auslegen und an den Rändern festtackern.

2.
Je zwei Zaunlatten mit einem Querbrett verbinden: nach innen schauend in 15 cm Höhe festschrauben.

4.
Mit Erde anfüllen, eventuell organischen Dünger einarbeiten.

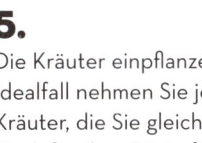

5.
Die Kräuter einpflanzen. Im Idealfall nehmen Sie jene Kräuter, die Sie gleich bei Tisch für Ihre Gäste frisch abpflücken können, z. B. Basilikum, Oregano, Thymian, Melisse, Lavendel, Rauke.

GESUNDHEITSGARTEN

Die meisten natürlichen Hilfen bei körperlichen Beschwerden
werden aus Pflanzen hergestellt. Viele davon können wir in
unserem Garten selbst anbauen.

Heilpflanzen neu entdecken

Heute erlebt die Naturheilkunde eine Renaissance, denn die Menschen entdecken den Wert ihrer Inhaltsstoffe wieder neu. Wenn's im Hals kratzt, der Husten plagt oder bei einem Sonnenbrand kann man sich schnell selbst helfen.

Die Alternativen zur Pharmazie liegen praktisch auf der Hand, oder besser gesagt, sie wachsen im Garten und am Wegesrand. In Gottes Naturapotheke gibt es für viele Leiden ein passendes Kraut. Sogar das seelische Gleichgewicht lässt sich durch Tees oder Düfte wieder in Balance bringen.

ERNTE UND AUFBEWAHRUNG

Heilpflanzen wachsen im Garten in Gesellschaft von Gemüse, Kräutern und Gewürzen. Ein sonniger Morgen bei trockenem Wetter ist die beste Zeit, um Heilkräuter zu ernten. Der geflochtene Korb, ein Holztablett oder ein Leinenbeutel leisten beim Einsammeln gute Dienste. Die Kräuter werden nach dem Abschneiden sortiert, zu Büscheln gebunden und kopfüber an einem schattigen, luftigen, dunklen Platz aufgehängt. Nach dem Trocknen zupft man die Blätter per Hand vom Stiel ab und bewahrt sie in dunklen Gläsern auf. So stehen sie getrocknet das ganze Jahr bereit.

DIE GANZE NATUR IST EINE HEILAPOTHEKE

Heilpflanzen bestehen aus einem ganzen Potpourri von Wirkstoffen. Ätherische Öle dienen der Behandlung von Erkältungen und stoppen Entzündungen, sie regen die Harnausscheidung an und steigern den Appetit. Bitterstoffe regulieren den Stoffwechsel, kräftigen Herz und Kreislauf oder stärken die Gefäßwände. Bestimmte Flavonoide verbessern das Gedächtnis und Gerbstoffe wirken bei Verletzungen der Schleimhaut. Kieselsäure wirkt auf Haut, Bindegewebe und Nägel. Vitamine und Mineralstoffe dienen als Gewebebausteine. Es macht Freude, sich die Gesundheit aus dem Garten einfach zu pflücken.

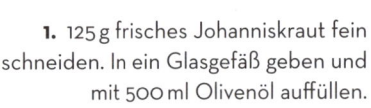

1. 125 g frisches Johanniskraut fein schneiden. In ein Glasgefäß geben und mit 500 ml Olivenöl auffüllen.

2. Gut verschließen und 3 Wochen lang an einem dunklen Platz ziehen lassen.

JOHANNISKRAUT- / ROTÖL

Das Johanniskraut *(Hypericum perforatum)* ist eine typische Mittsommerpflanze. Der Name stammt vom Johanni-Tag, dem 24. Juni, denn in den Tagen der Sommersonnenwende öffnet das Kraut seine gelben Blüten an den Wegrändern, auf Böschungen und auf Schuttplätzen. Es wird mit der Sonne in Verbindung gebracht, weil es die Kraft des längsten Tages aufnimmt und wärmende Strahlen in verstimmte Gemüter zu bringen weiß.

Außerdem galt das Johanniskraut als Dämonen abwehrend und wurde früher als Schutz in den Stall und an die Fensterkreuze des Hauses gehängt. Auch vor Blitzschlag sollte es schützen.

Der Name Rotöl stammt vom roten Farbstoff in den Blütenkapseln. Achtung: er ist stark färbend.

So wirkt Johanniskraut

Die Wirkstoffe des Johanniskrauts haben Effekte auf unser Nervensystem, sie stellen die Botenstoffe im Gehirn wieder her. Die Stimmung wird erhellt, Angst und Depression lösen sich auf. Die enthaltenen Gerbstoffe führen zu einer sehr schnellen Wundheilung. Das Johanniskraut wirkt sich positiv auf den Bewegungsapparat und die Haut aus. Rotöl hilft bei Schmerzen in den Gelenken, bei Verdauungsproblemen, bei Gicht und Ischias.

ALOE-GEL SELBER HERSTELLEN

Aloe vera, die Heilerin am Fensterbrett, hilft bei Prellungen, Abschürfungen, Wunden und Sonnenbrand, sie ist erste Hilfe bei Warzen und nässender Haut.

1.
Die dicken, fleischigen Blätter der Wüstenpflanze enthalten das wertvolle Gel für die Wundheilung.

4.
Das Gel in ein Mixglas füllen. Da das Gel der Aloe geruchlos ist, können Sie fürs Aroma noch ein paar Tropfen Lavendelöl beifügen.

2.
Das Blatt schneiden Sie mit einem Messer ab und tupfen die Schnittstelle auf ein Küchenkrepp.

5.
Mit einem Stabmixer gut durchmischen, bis eine flüssige Masse entsteht.

3.
Das Blatt der Länge nach aufschneiden und das Gel von der Blattschale ablösen.

6.
Das Aloe-Gel in eine Flasche füllen und gut verschließen. Es hilft sofort bei Sonnenbrand, Schnittwunden und Hautverletzungen.

In der Erde vergraben, wirkt Thymian-Honig doppelt so effektiv. Markieren Sie die Stelle, wo er vergraben wird.

THYMIAN-HONIG AUS DER ERDKAMMER

Thymian ist das beste pflanzliche Heilmittel gegen Husten. Für die Zubereitung des Erdkammer-Honigs zunächst Thymian mit Blüten klein schneiden, in ein Glas geben und dann mit Honig auffüllen. Das Glas gut verschließen. Anschließend in einer gut verschlossenen Plastiktüte 3 Monate in der Erde vergraben (Erdkammer-Honig). Die Temperatur in der Erde bewirkt eine langsame, heilende Gärung.

KATHARINAS GESUND-MACH-TEE

Zwiebel klein schneiden und in ein Glas geben. 2 EL Waldhonig dazugeben, verrühren, Glas zudecken und beiseitestellen. Salbei, Minze und Rosmarin zusammenbinden, in ein Glas stecken und mit heißem Wasser aufgießen. 10 Minuten ziehen lassen. Eine Scheibe Orange beigeben und mit 1 EL Zwiebelhonig süßen.

INDIANERNESSEL-SIRUP

Ein Genuss für alle Sinne sind die nach Zitronen und Gewürzen duftenden Blätter der Indianernessel *(Monarda didyma)*. Bereits die Indianer brühten wohlschmeckenden Tee aus den Blättern ihrer geliebten Indianernessel. Sie wird auch Goldmelisse genannt.

1

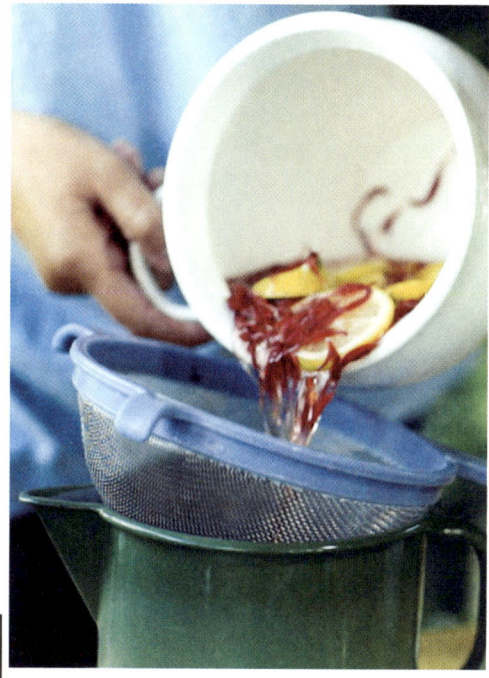

2

Im Garten gedeiht die winter-harte Blütenstaude auf nähr-stoffreichen Böden in sonnigen Lagen und wird bis 1,50 m hoch. Wenn sie im Juni bis September blüht, können die Blütenblätter zur Herstellung eines Hustensirups verwendet werden. Die Monarde enthält ätherische Öle, ähnlich dem Thymian, und wirkt bei Hus-ten und Beschwerden der Atemwege. Für Tee- und Si-rupzubereitungen verwenden Sie stets die echte Indianer-nessel – *Monarda didyma*.

Zutaten

1 kg Zucker, 20 bis 30 Blüten und Jungblätter der Indianer-nessel, 6 Zitronen, 1 l Wasser

Und so geht's

1. Die Blüten der Indianer-nessel pflücken Sie an einem sonnigen Vormittag. Das Wasser erhitzen, den Zucker darin auflösen und die Blü-ten mit dem Zuckersaft übergießen. Die Zitronen auspressen und hinzufügen. Die Mischung 2 Tage lang dunkel und abgedeckt ste-hen lassen.
2. Nach 2 Tagen abseihen und in Flaschen füllen. Der Sirup wird mit Wasser verdünnt getrunken und schmeckt sehr aromatisch. Er hilft aber auch in Bädern und ist gut gegen Husten, Erkäl-tung, Fieber und Kopf-schmerzen.

1. Die Blüten werden am besten frisch ge-pflückt und dann gleich verarbeitet.

2. Der Sirup nimmt die Farbe der Blüten-blätter an und sieht sehr appetitlich aus.

GESICHTSCREME MIT ROSENWASSER

Eine Gesichtscreme mit natürlichen Inhaltsstoffen ist schnell hergestellt. Man spart Kosten und weiß genau, was drinnen ist.

Zutaten

Für das Rosenwasser benötigen Sie ⅛ Liter destilliertes Wasser mit 1 bis 2 Tropfen Rosenöl. Erhitzen Sie das destillierte Wasser auf 40 °C und füllen Sie es anschließend, vermischt mit dem Rosenöl, in ein dunkles Glas. Vermischen Sie die zwei Bestandteile durch Schütteln. Nach einer Nachtruhe wird das Gemisch nochmals gemixt und durch einen Kaffeefilter geseiht.
Für die Gesichtscreme werden folgende Zutaten gebraucht: 3 g Bienenwachs, 10 g Lanolin, 30 ml Jojobaöl, 30 ml Rosenwasser, Limettenöl, Cistrosenöl.

Wichtige Tipps zur Herstellung der Gesichtscreme

Alle Gerätschaften, Gläser und Tiegel entweder mit Alkohol, heißem Wasser oder einer Sodalösung desinfizieren. Im Wasserbad das Öl mit dem Wachs langsam und nur so weit erhitzen, bis das Wachs geschmolzen und eine homogene Flüssigkeit entstanden ist. Die Creme ist für Gesicht und Körper geeignet. Da keine Konservierungsstoffe zugefügt werden, sollte die Creme im Kühlschrank gelagert und innerhalb von 3 Wochen aufgebraucht werden.

Anleitung

1. Die Löffel desinfizieren. Das Bienenwachs im Wasserbad zum Schmelzen bringen.
2. Das Lanolin auf der Herdplatte zum Schmelzen bringen.
3. Das Jojobaöl und Rosenwasser jeweils getrennt in feuerfeste Gläser füllen.
4. Alles getrennt im Wasserbad auf 70 °C erwärmen.
5. Lanolin, Jojobaöl und Rosenwasser unter ständigem Rühren erwärmen.
6. Lanolin, Jojobaöl und Rosenwasser in einen Behälter zusammenmischen und mit dem Mixer verquirlen, bis die Masse fest wird.
7. Ein paar Tropfen Limettenöl und / oder Cistrosenöl in die Creme einrühren.
8. Rosencreme in eine verschließbare Dose aus Keramik oder Glas füllen und auskühlen lassen. Ist die Creme erkaltet, wird das Döschen verschlossen aufbewahrt.

1. Im Wasserbad das Wachs schmelzen.

2. Lanolin ebenfalls im Wasserbad schmelzen.

3. Öl in feuerfeste Gläser füllen.

4. Langsam erwärmen.

5. Dabei ständig umrühren.

6. Mit einem Milchschäumer verquirlen.

7. Das Duftöl gibt die persönliche Note.

8. In eine gut verschließbare Dose abfüllen.

GENIESSEN

DUFTGARTEN

Wir genießen die Zeit der Entspannung auf unserem Balkon
oder auf der Terrasse und atmen auf, wenn ein angenehmer
Wohlgeruch an unsere Nase kommt.

Ein Duft liegt in der Luft

Viele Pflanzen verströmen Düfte. Sie tun dies aus strategischen Gründen: um die Bienen und andere Bestäuber anzulocken, die ihre Fortpflanzung garantieren. Wir Menschen profitieren davon auch, denn die Aromen, die uns aus den Pflanzenblüten entgegenströmen, tragen zu unserem Wohlbefinden bei.

D ie Farbe der Blüten spielt bei der Anlockung von Insekten eine große Rolle. Rote, blaue, lila und gelbe Blütenkelche sind Landebahnen der Hummeln und Bienen, die ihnen Nektar als Nahrung bieten und dabei die Pollen von Blüte zu Blüte weitertragen. Bei den Duftpflanzen unterscheiden wir winterharte Sträucher und Stauden, Sommerblumen und Kübelpflanzen, Schlingpflanzen und Kräuter. Die meisten Blütendüfte entfalten sich am aromatischsten in den Morgen- und Abendstunden.

DUFTPFLANZEN IM GARTEN UND AM BALKON

Für trockene Standorte ist die winterharte Eberraute (*Artemisia abrotanum*) bestens geeignet. Ihre fiedrigen Blätter bestehen gegen starken Wind auf Terrassen in luftiger Höhe. In den Drüsenhaaren enthält sie ätherische Öle, die nach Zitrone duften. Man kann Blätter und Blüten für Duftsträußchen, Kräuterkisten und als Weihrauchersatz verwenden und im Kleiderkasten hält sie die Motten in Schach. Der Lavendel ist ebenfalls winterhart und hat sich als Duftpflanze,

TIPP

Rosen nie an einen Platz setzen, wo vorher schon Rosen standen. In diesem Fall muss die Erde bis zu 60 cm Tiefe komplett ausgetauscht werden. Blühende Rosen im Topf werden ab Ende Mai angeboten. Man sieht die Blüten, riecht den Duft und kann so eine gezielte Auswahl treffen.

ROSENBEET ANLEGEN

Die Königin der Blumen mag Sonne, tiefgründigen Boden und einen windgeschützten Standort.

1.
Boden vorbereiten. Den Boden tiefgründig lockern und mit frischer Erde sowie einem Bodenaktivator vorbereiten (Rosen sind Tiefwurzler). Steine und Unkraut entfernen. Der Boden sollte nach dem Gießen nicht zu schnell abtrocknen.

3.
Pflanzabstand. Edel- und Beetrosen 40 cm, Strauch- und Kletterrosen 1,50 m, Bodendeckerrosen 50 cm. Pflanzloch ausreichend tief machen, die Veredelungsstelle muss 2 cm mit Erde bedeckt sein.

2.
Auswahl der Pflanzen. Die Rosen und ihre Begleitpflanzen sollten farblich und in der Wuchshöhe gut im Beet harmonieren.

4.
Nach dem Einpflanzen gut eingießen, aber nie über die Blätter. Sind die Rosen einmal eingewurzelt, vertragen sie relativ viel Trockenheit. Düngen erst nach 4 bis 6 Wochen, da die Rosenerde vorgedüngt ist. Vor dem Winter müssen die Rosen mit Erde angehäufelt werden.

5.
Rosen sind die Lieblinge vieler Hobbygärtner. Ein Garten ohne Rosen ist wie ein Himmel ohne Sterne.

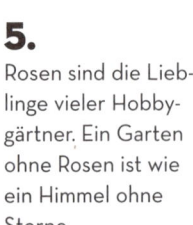

Duft ist die Seele der Blume. Er offenbart sich neben ihrer Schönheit als nächste Stufe der Vollkommenheit.

der die Blattläuse bei den Rosen in die Flucht schlägt, bewährt. Seine Blüten und Blätter können gut getrocknet werden. Lavendelduft beruhigt, nicht nur durch sein Aroma im Freien, sondern auch im Badewasser und als Duftsträußchen in geschlossenen Räumen. Seine Blüten behalten im Lavendelkissen sehr lange das Aroma. Viele Kräuter sind Duftpflanzen und können im Bereich des Sitzplatzes eingesetzt werden. Dazu zählen Thymian, Rosmarin, Salbei, Heiligenkraut, Oregano, Melisse, Minze mit vielfältigen Düften sowie die Katzenminze.

IM ÜBERBLICK: DUFTPFLANZEN

Stauden Maiglöckchen, Veilchen, Mädesüß, Goldlack, Lilie, Iris, Nachtviole, Waldmeister, Federnelke, Pfingstrose, Eberraute, Kräuter, Phlox, Hyazinthe, Mutterkraut, Silberkerze, Seifenkraut, Schokoladenblume, Nachtkerze

Sträucher Bauernjasmin, Lavendel, Flieder, Rosen, Gewürzstrauch, Spanischer Ginster, Duftschneeball (*Viburnum farreri*), Winterschneeball, Seidelbast (giftig), Scheinhasel, Duftazalee, Mahonie, Sommerflieder

Sommerpflanzen Vanilleblume (*Heliotropium*), Ziertabak, Duftsteinrich, Tuberose, Brautmyrte, Engelstrompete, alle Zitrus-Arten, Verbene, Levkoje, Frangipani

Bäume Linde, Quitte, Magnolie, Scheinbuche, Lebkuchenbaum

DUFTENDE KLETTERPFLANZEN

In der Nähe der Sitzgruppe oder auf der Pergola sorgen manche Kletterpflanzen für betörenden Sommerduft. Neben Kletterrosen sind hier vor allem die Geißblatt-Arten *(Lonicera)* bestens geeignet. Die Blüten des 3 bis 4 m hoch werdenden Schlingstrauches erscheinen ab Juni und duften fein, süß und angenehm. Duft-Wicken werden in Samen angebaut und sind einjährig. Ihre Schmetterlingsblüten in vielen pastelligen Farben verströmen einen lieblich-feinen Duft.

DUFTENDE KÜBELPFLANZEN

Die am stärksten duftende Kübelpflanze ist die Engelstrompete (auch Datura genannt). Ist ein warmer, sonniger bis halbschattiger Platz vorhanden, der ein wenig geschützt ist, kann man die Datura nicht nur im Kübel, sondern auch direkt in die Erde einsetzen. Die Engelstrompete braucht sehr viel Dünger. Ist sie gut genährt, sind 30 bis 40 Blüten an einer Pflanze mit 20 cm Länge keine Seltenheit. Die „Trompeten" verströmen besonders abends einen berauschenden Duft und blühen den ganzen Sommer bis zum Herbst.

DUFTGERANIEN SIND IM KOMMEN

Duftgeranien haben besonders intensive, aromatische oder liebliche Duftnoten nach Zeder, Zitrone, Apfel, Karotte, Eukalyptus, Rose, Kampfer oder Minze. Sie überraschen durch das vielfältige Farb- und Formenspektrum ihrer einfachen Blüten. Diese Blattdufter haben noch einen praktischen Vorteil: Sie können

Sie führen eine harmonisch duftende Blumenehe – Rosen und Lavendel.

problemlos im kühlen Zimmer überwintern und zurückgeschnitten werden. Ihre Blätter sind ideal zum Würzen für Speisen, zum Aromatisieren von Likören und Backwaren, aber auch fürs Verfeinern von Marmeladen. Die Duftgeranien-Butter ist der neueste Sommerhit für gelungene Grillabende auf dem Brötchen oder zum Fleisch.

DUFTKRANZ STECKEN

Einen duftenden Kranz aus verschiedenen Blumen können Sie leicht selber machen. Sie brauchen dazu eine runde Kranzform aus Feuchtschwamm (die gibt's im Fachhandel). Bevor Sie mit dem Stecken beginnen, legen Sie die Steckmasse in Wasser ein, bis keine Blasen mehr aufsteigen und die Steckmasse vollgesogen ist. Schneiden Sie Duftblumen aus dem Garten ab. Wir verwenden hier die Rosengeranie mit panaschiertem Blatt, Rosen, Heuchera-Blätter, Hortensien und Lavendel.

Und so geht's

1. Stecken Sie die runde Form des Kranzes mit den Spitzen der Rosengeranie aus. Sie geben die Grundform des Kranzes vor. Die Enden schräg anschneiden.
2. Mit zugespitzten Heuchera-Blättern – sie sind von weinroter Farbe und geben schönen Kontrast – den Kranz rundum auffüllen. Dann die Rosenblüten auf dem Kranz verteilen. Für die Füllung der Löcher nehmen Sie Hortensienblüten in Weiß und Rosa. In der Form des Kranzes stecken Sie die zarten Lavendelblüten ein.
3. Der Duft entfaltet sich am besten in der Wärme. Ein schönes Kerzenglas in seiner Mitte gibt dem Duftkranz das gewisse Etwas. Er verzaubert in den Abendstunden Augen und die Nase.

1

2

3

1. Eine Feuchtsteckmasse in Form eines Kranzes dient als Unterlage.

2. Zuerst wird die runde Form des Kranzes mit Blattwerk ausgesteckt.

3. Dieser Kranz hält sehr lange und sieht auch getrocknet noch hübsch aus.

ROSENBLÜTEN-SIRUP

Dieser Rosensirup ist ein köstlicher Sommer-tipp, mit dem Sie Ihre Gäste verblüffen werden. Mit Frizzante aufgespritzt – ein Gedicht! Verwenden Sie für den Sirup nur ungespritzte Gartenrosen. Je dunkler die Rosen, desto dunkler wird der Saft – also unbedingt rote Rosenblütenblätter beimischen. Schneiden Sie am Morgen oder vormittags die aufgeblühten Rosen mit einer Schere ab und sammeln Sie die abgezupften Blütenblätter dann in einem Gefäß. Nicht waschen! Eventuell die Blütenblätter auf Insekten kontrollieren und diese entfernen. Zum Ansetzen des Sirups ist hier das Rezept:

Zutaten

4 bis 5 Handvoll frische Rosenblütenblätter von Duftrosen, 2 l Wasser, 1 kg Zucker, 1 EL Zitronensäure, Zitronenscheiben

Zubereitung

– Rosenblütenblätter frisch in ein großes Glas geben. Wasser, Zucker und Zitronensäure aufkochen lassen, dann warten, bis die Flüssigkeit abgekühlt ist. Zu heißes Wasser verbrüht die Blätter!

– Das lauwarme Zuckerwasser über die Blüten ins Glas leeren und alles gut umrühren. Mit einem Deckel verschließen und 48 Stunden an einem dunklen Ort ziehen lassen. Mehrmals umrühren, damit sich die Farbe bildet. Dann durch ein Sieb oder Tuch abseihen und in Flaschen füllen. Im Kühlschrank aufbewahren.

– Ein Schuss Rosensirup in einem vorgeeisten, bauchigen Glas mit Frizzante oder Sekt aufgießen und mit frischen Rosenblättern oder Roseneiswürfeln servieren. Ihre Gäste werden begeistert sein!

1. Zugedeckt entwickeln die duftenden Blütenblätter ihr rosiges Aroma.

2. Die Gläser werden ins Gefrierfach gelegt. Sie sind dann mit einer dünnen Eisschicht überzogen, was immer für Staunen beim Servieren sorgt.

RÄUCHERSTÄBE AUS DUFTPFLANZEN

Für das Räuchern können Sie alle stark duftenden, würzigen Kräuter verwenden: Lavendel, Melisse, Oregano, Heiligenkraut, Waldmeister, Strauch-Basilikum, Pfefferminze, Eberraute, Duftgeranie usw.

1.
Verschiedene Duftpflanzen wie Lavendel, Salbei, Heiligenkraut, Oregano, Duftgeranien in ca. 30 cm Länge frisch abschneiden und in Büscheln dicht zusammenbinden.

2.
Die Büschel der Länge nach mit einer Bastschnur umwickeln, sodass sich feste, kompakte Räucherstäbe bilden. Nicht zu locker binden, da die Räucherstäbe sonst nicht die gewünschte Wirkung am Feuer erzielen.

3.
Die Räucherstäbe auf einen Rost über das noch lodernde Feuer in Feuerkorb, Feuerschale oder Griller legen und dort glosen lassen. Es bildet sich bald ein feiner Rauch, der den ganzen Garten mit seinem Aroma durchzieht. Für unsere Nasen ein Wohlgeruch. Mücken, Fliegen und Wespen aber nehmen Reißaus.

STAUDENGARTEN

Wer Stauden setzt, kann seinen Garten wachsen sehen.
Sie sind das ganze Jahr über eine Zierde.

———

Gute Zeit für Stauden

Stauden steigern den Wert des Gartens, sie sorgen für charmante Effekte und leisten auch als Rasenersatz oder als Bodendecker wertvolle Dienste.

B is auf einige Arten ziehen die Stauden im Winter ihr Laub ein, „verschwinden" über die kalte Jahreszeit, um dann im Frühling mit neuer, frischer Energie durchzutreiben.

STAUDEN FÜR TRÖGE UND KÜBEL

Stauden eignen sich nicht nur für den Gartenboden, sondern können in Trögen und Pflanzgefäßen auf Balkon und Terrasse kultiviert werden. Stauden sind eine dankbare Alternative zu Sommerblumen. Wer einen Sommergarten mit Stauden, oder einen blühenden Sommerbalkon möchte, der setzt Schleierkraut, Frauenmantel, Margerite, Phlox, Rittersporn, Storchschnabel & Co. Als hängende Pracht am Rand von

Trögen oder auf Mauern gepflanzt, wirken die Polsterstauden: Steinkraut, Polsterthymian, Katzenminze, Gänsekresse, Blaukissen, Zwerg-Glockenblume, Schleifenblume und Polsterphlox. Für bunte Überraschungen im vollsonnigen Beet sorgen Sonnenhut, Taglilie, Schafgarbe, Lupine, Aster, Skabiose, Malve, Kokardenblume, Nachtkerze und Fünffingerkraut. Im Schatten gedeihen Anemone, Astilbe, Wald-Geißbart, Hosta, Kaukasusvergissmeinnicht *(Brunnera)*, alle Arten von Farnen und Immergrün. Unter Bäumen und Sträuchern sind bodenbedeckende Stauden wie Elfenblume, Storchschnabel und Schattengrün beliebte Darsteller. Zum Auffüllen

eines Sommerlochs im Gartenbeet bieten Stauden eine abwechslungsreiche Gelegenheit.

TIPP

Stauden mögen gut durchlässige Böden. Die Pflanzbeete immer feucht halten. Mit gut verrottetem Kompost in der Wachstumszeit düngen. Der Rückschnitt sollte nach der Blüte erfolgen, spätestens aber im Frühjahr. Hohe Stauden stützen!

1. Es gibt bei der Anlage von Staudenbeeten eine einfache Faustregel: Die Niederen zuerst, dann die Halbhohen vor den Hohen.

2. Stauden kommen in der richtigen Farbharmonie am besten zur Geltung. Pflanzen Sie Farben, die zueinander passen.

3. Gräser werden vor dem Winter nicht geschnitten. Hohe Gräser mit einer Schnur zusammenbinden.

GESTALTEN MIT STAUDEN

Blüten und Blattstauden sind pflegeleicht und verschönern mit ihrem Habitus Beete und Tröge.

Tausendsassa

Bis auf einige Arten ziehen die meisten Stauden im Winter ihr Laub ein. Sie „verschwinden" über die kalte Jahreszeit, um dann im Frühling mit neuer Energie aus dem Boden zu treiben. Die Vielfalt der Stauden ist unglaublich groß. Sie eignen sich bestens für den Garten – vor allem, wenn sie entsprechend ihrem Wuchs und der Blütezeit in Szene gesetzt werden.

Blütezeit

Die berühmte englische Gartengestalterin Gertrude Jekyll hat zu Beginn des 20. Jahrhunderts das Anlegen von Staudenbeeten zur Kunst erhoben. Mit ihr kam Ton-in-Ton-Gestaltung in Mode. Einem in gelben und orangen Farbtönen blühenden Beet ist auch nichts entgegenzusetzen – vorausgesetzt, die Stauden blühen alle gleichzeitig! Erst dann kommt es in seiner Pracht wirklich zur Geltung. Immer die Blütezeiten beachten!

Farbharmonie

Wenn Sie ein Beet der Farbharmonie anstreben, kombinieren Sie zusammenpassende Farben: Weiß, Rosa und Blau mit Violett. Oder Rot, Orange mit Gelb im Staudenbeet. Dem Gestaltungswillen sind durch die Vielfalt der Stauden kaum Grenzen gesetzt. Wenn Sie Ihre Leidenschaft für die Stauden erst einmal entdeckt haben, reicht sie für ein ganzes Gärtnerleben zur Freude.

GRÄSER IM KIESBEET

Gräser wirken besonders hübsch, wenn sie in einem Kiesbett wachsen. Stein und Gras harmonieren in Farbe und Form.

1.
Die Unkrautfolie ist eine wirksame Maßnahme gegen unerwünschten Auswuchs. Sie wird ausgerollt, wo man sie braucht und mit Haken im Boden befestigt. Auch geschwungene Ränder sind möglich.

3.
Klappen Sie die Folie an den Schnittstellen auseinander und setzen Sie die Ziergräser ein. Die Unkrautfolie ist atmungsaktiv und verdichtet den Boden nicht. Sie verhindert aber den Unkrautwuchs.

2.
Mit einem scharfen Messer machen Sie einen Kreuzschnitt in die Folie, der Größe der Pflanztöpfe entsprechend. Am besten geht's mit einem Stanley-Messer. Die Folie sollte vor dem Schnitt sehr gut gespannt sein.

4.
Schiefersplitt, Kies und Dekosteine sind attraktiv und natürlich. Sie erzeugen ein optisch reduziertes Beet. Besonders beliebt bei der Gestaltung fernöstlicher Gärten. Kann auch am Rand von Schwimmteichen oder Pools gut wirken.

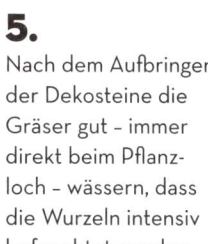

5.
Nach dem Aufbringen der Dekosteine die Gräser gut – immer direkt beim Pflanzloch – wässern, dass die Wurzeln intensiv befeuchtet werden.

Im neu angelegten Staudenbeet verhindert die Abdeckung mit Rindenmulch lästigen Unkrautwuchs.

STAUDENBEET ANLEGEN

Vor dem Pflanzen achten Sie auf die Lichtverhältnisse und die Bodenbeschaffenheit des Beetes.

Der Plan

Wenn Sie ein Staudenbeet anlegen möchten, machen Sie eine Skizze und stellen eine Pflanzenliste zusammen. Welche Farben werden bevorzugt? Soll das Beet das ganze Jahr über blühen? Liegt es im Schatten oder in der Sonne? Ist bunte Vielfalt gefragt oder nur wenige Farben? Soll das Beet vorwiegend im Frühling, im Sommer oder im Herbst blühen? Planen Sie nie auf gut Glück, sondern informieren Sie sie sich vorab vom Angebot.

Stauden pflegen

Gießen Sie nur in den Morgenstunden. Der feuchte Boden nimmt Wasser schneller auf. Stauden nur wenig düngen. Eine Handvoll Kompost genügt. Sie schießen sonst ins Kraut und werden anfällig für Krankheiten. Hohe Stauden mit Staudenringen, Körben o. Ä. stützen. Rückschnitt über dem Boden: im Herbst, wenn Sie das unkontrollierte Aussamen bremsen wollen, im Frühjahr, wenn Sie Samenstände den Vögeln als Nahrung geben wollen. Stauden treiben im Frühjahr nach dem Schnitt wieder schön durch. Gräser stehen lassen, erst im Frühling zurückschneiden oder auslichten.

ANLEITUNG FÜR EIN STAUDENBEET

Machen Sie sich vor dem Pflanzen eine kleine Skizze, damit Sie wissen, wie Ihr Beet aussehen soll. Die Hohen hinten, die Kleinen ganz vorne. Beachten Sie auch Farben und Blütezeit bei der Auswahl.

1.
Beet vorbereiten. Spatentief umgraben und Erde von Steinen und Unkraut befreien. Unkrautwurzeln herausnehmen.

3.
Einpflanzen. Falls die Wurzeln der Pflanzen im Topf im Kreis wachsen, reißen Sie sie leicht mit den Händen auf. Das Pflanzloch muss so tief sein wie der Topf hoch ist. Erde leicht festdrücken.

2.
Boden verbessern. Ein Bodenaktivator verbessert das Anwachsen der Stauden. Erde mit dem Rechen planieren. Stauden zuerst mit den Töpfen aufstellen und eventuell nachjustieren.

4.
Rindenmulch zum Abdecken der Zwischenräume verwenden! Er hält den Boden feucht und verhindert den Unkrautwuchs.

5.
Wässern. Nach der Pflanzung gießen Sie die Stauden gut an, sodass der Boden mindestens 20 cm tief durchfeuchtet ist. Das geht gut mit einem Rasensprenger oder einem weichen Brausestrahl. Falls sich die erste Schicht der Erde setzt, noch etwas Rindenmulch auffüllen.

SOMMERGARTEN

Der Sommer ist die bunteste Zeit, denn da blüht der
ganze Garten farbenfreudig auf.

Ein Sommer voller Blüten

Bei den Balkonblumen unterscheiden wir Einjährige, Mehrjährige und die Kübelpflanzen. Sie alle sind an warme, milde Temperaturen gewöhnt und vertragen keinen Frost. Die meisten von ihnen wollen einen sonnigen Standort.

Die Sommerblumen brauchen zudem regelmäßige Wassergaben und ausreichend Düngung. Am besten gießt man sie in den Morgen- und Abendstunden, damit die Blätter nicht verbrennen.

EINJÄHRIGE SOMMERBLUMEN

Sie halten nur eine Sommersaison. Man kann sie schon im Februar aus Samen vorziehen und dann ab Mitte Mai in die Kistchen und Beete verpflanzen. In den Gärtnereien werden sie ab April als Fertigware angeboten. Dazu gehören: Petunie, Bidens, Blaues Gänseblümchen, Pantoffelblume, Ringelblume, Federbusch, Kosmeen, Sonnenblume, Winde, Wicke, Fleißiges Lieschen (wird bei uns einjährig kultiviert), Silberblatt, Lobelie, Gauklerblume, Zier-Tabak, Husarenköpfchen, Tagetes, Kapuzinerkresse, Zinnie, Feuersalbei, Leberbalsam, Gazanie, Elfenspiegel, Elfensporn.

MEHRJÄHRIGE SOMMERBLUMEN

Die Pflanzen brauchen im Winter ein frostfreies Quartier – sei es Keller, Treppenhaus, Wintergarten, beheizte Garage usw. Meist mögen sie im Winter Temperaturen um 8 bis 10 °C, haben aber unterschiedliche Lichtbedürfnisse im Überwinterungsquartier. Dazu gehören Geranien, Kapkörbchen, Ehrenpreis, Lichtnelke, Seifenkraut, Fächerblume, Margeriten, Wandelröschen.

KÜBELPFLANZEN

Man sollte sie nach dem Auswintern zunächst im Schatten ans Freie gewöhnen. Sobald im Herbst die Temperaturen gegen 0 °C gehen, müssen sie ins Winterquartier. Dazu gehören z. B.: Mimose, Schmucklilie, Agave, Fuchsie, Seidenbaum, Bougainvillea, Kamelie, Zylinderputzer, Engelstrompete, Enzianstrauch, Zitrus-Arten, Palmen, Kaki, Korallenstrauch, Oleander, Mandeville, Granatapfel und Olivenbaum.

1. Entfernen Sie kranke, welke oder abgestorbene Pflanzenteile vor dem Umtopfen. Der neue Topf muss zwei Fingerbreit größer sein.

2. Vor dem Umtopfen den Wurzelballen mit der Hand oder einer Gartenschere vorsichtig aufrauen, braune Wurzeln entfernen.

3. Den neuen Topf mit einer Drainageschicht aus Blähton 3 bis 5 cm hoch auffüllen und Erde draufgeben. Pflanze in den Topf stellen und mit frischer Erde auffüllen.

AUSWINTERN VON KÜBELPFLANZEN

Die Faustregel zum Ein-/Auswintern heißt: So spät wie möglich ins Winterquartier, so früh wie möglich wieder heraus! Je früher Sie Ihre Kübelpflanzen aus dem Winterquartier holen, desto besser. Je nach Temperatur ist das Anfang bis Mitte April. Gewöhnen Sie die Südländer erst an einem halbschattigen Platz an die Sonnenstrahlen. Nach der Winterruhe brauchen sie ein wenig Pflege: ausputzen, abstauben, vertrocknete Triebe zurückschneiden, etwas Erde nachfüllen, düngen.

Auf Schädlinge kontrollieren

Die Kübelpflanzen müssen nach der langen Winterzeit besonders gut auf Schädlinge untersucht werden. Sind sie befallen, müssen sie mit einem biologischen Pflanzenschutzmittel behandelt werden. Eventuell muss ein Verjüngungsschnitt gemacht werden. Dafür ist der richtige Zeitpunkt vor dem neuen Austrieb. Wächst der Erdballen schon über den Topf hinaus, heißt es umtopfen!

Anleitung zum Umtopfen

Der beste Zeitpunkt für das Umtopfen ist gleich nach dem Auswintern im Frühjahr. Ob das notwendig ist, sehen Sie an Wurzeln, die herauswachsen oder an stark verdichteter Erde im Topf. Die Wurzeln brauchen mehr Platz und mehr Erde, um besser wachsen zu können. Der neue Kübel muss mindestens 2 cm breiter sein und über guten Wasserabfluss verfügen. Es erleichtert das Gießen sehr, wenn Sie mit dem Erdniveau 3 cm unter dem Topfrand bleiben. Staunässe mögen die Kübelpflanzen gar nicht. In diesem Fall ist eine Drainage mit Blähton angesagt. Düngen Sie erst, wenn die Pflanze gut eingewurzelt ist.

SIMPLE IDEEN FÜR BALKONBLUMEN

Bei Balkonblumen sind die Gefäße entscheidend. Ihre Farbe und Form sowie ihre Funktion trägt wesentlich zum Gelingen der Balkongestaltung bei. Wir haben ein paar Ideen dazu:

Flower Bridge

Die Flower Bridge (im Handel erhältlich) ist eine sehr elegante Lösung für die stimmungsvolle Dekoration Ihres Balkongeländers oder Zauns. Mit dem praktischen Befestigungsset lässt sie sich optimal fixieren, sodass sie nicht kippen kann. Die Bridge ist in verschiedenen modischen Farben erhältlich.

Vertikaler Garten

Viele Blüten auf wenig Raum bieten stapelbare Blumentöpfe in mehreren Farben. Je drei Topfreihen werden bepflanzt und dann ineinander gestapelt. Die Pyramide kann bis zu drei Ebenen hoch aufgebaut werden. Ideal für Terrassen und Balkone.

Blumenampel

Mit Blumenampeln, die von der Decke hängen, können Sie Ihren Balkon aufwerten. Im integrierten Untersetzer ist eine Öffnung vorhanden, sodass sich keine Staunässe bildet. Im Garten sorgen die Ampeln für blühende Akzente an Bäumen und Mauern.

1

2

1. Pastellfarbig und in der Höhe variierbar ist die Blumenpyramide.

2. Ein Hit für Balkone in luftiger Höhe – die Flower Bridge.

BLUMENSÄULE AUS BAUSTAHLGITTER

Für eine Blumensäule brauchen Sie: Baustahlgitter (1 m hoch), Kabelbinder, Drahtschere, Messer, Vlies, Erde, Topf mit 40 bis 45 cm Durchmesser, hängende Sommerblumen in verschiedenen Farben.

1.
Das Baustahlgitter wird zu einem Kreis gebogen und in den Topf eingepasst. Kabelbinder halten das Gitter zusammen.

2.
Mit einer Drahtschere werden nun in gleichmäßigem Abstand Löcher geschnitten, sodass die Topfballen der Pflanzen hineinpassen.

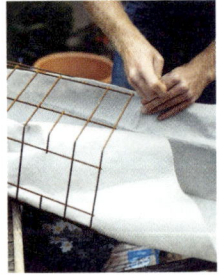

3.
Das Gitter wird an der Innenseite mit Vlies ausgekleidet. Wieder kommen Kabelbinder zur Befestigung des Vlieses zum Einsatz.

4.
An den großen Löchern wird das Vlies kreuzweise aufgeschnitten und an den Ecken nach außen gebogen. Säule und Topf mit guter Pflanzerde befüllen.

5.
Sommerblumen – hier Hängepetunien – am Ballen leicht andrücken und vorsichtig durch die Löcher in die Erde einsetzen.

6.
Die Petunien erobern schnell freie Flächen im Vlies und überwuchern sie dicht. Sie blüht reich einen ganzen Sommer.

7. FERTIGE BLUMENSÄULE

TÖPFE AUS BETON

Sie brauchen: Schnellzement, Weichplastiktöpfe in 2 Größen, Pinsel, Speiseöl, Schere, Wasser. Bestreichen Sie die Weichplastiktöpfe mit Öl, sodass sich der Schnellzement später besser ablöst.

1.

Schnellzement mit Wasser anrühren, bis er eine teigige, leicht flüssige Konsistenz hat.

2.

Den kleinen Topf mit einem Stein oder Sand beschweren und in den größeren einsetzen.

3.

Den Zwischenraum mit Schnellzement ausfüllen und hart werden lassen.

4.

Nach dem Hartwerden den inneren Topf vorsichtig herauslösen.

5.

Den äußeren Plastiktopf mit einer Schere aufschneiden und ablösen.

6.

Die Töpfe mit kleinen Pflanzen bestücken und als Tischdeko oder auf einer Mauer dekorativ in Szene setzen.

SOMMERSTRAUSS SELBER BINDEN

Sie können Gartenblumen, Wiesenblumen oder gekaufte Schnittblumen dafür verwenden. Wichtig ist, dass die Farben harmonieren.

1.
Im Sommer blüht der ganze Garten. Schneiden Sie die Blumen in den Morgenstunden und sortieren Sie die Blüten. Machen Sie die Stiele frei von Blättern, das erleichtert das Binden. Legen Sie die Blumen für Ihren Strauß gut sortiert auf dem Arbeitsplatz ab.

2.
Mit der Mitte wird begonnen und im Kreis gebunden. Legen Sie die Stiele immer schräg und immer in gleicher Richtung an der Bindestelle an.

3.
Mil der Gartenschere die Stiele auf eine Länge kürzen, dass der Strauß in die Vase passt. Schräg angeschnittene Stiele halten die Blumen länger frisch.

4.
Zum Schluss mit einer Manschette aus Blattgrün einfassen und mit Bindeschnur oder Bast zusammenbinden.

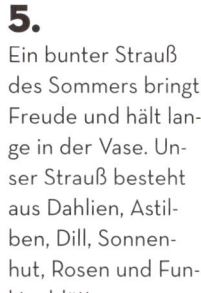

5.
Ein bunter Strauß des Sommers bringt Freude und hält lange in der Vase. Unser Strauß besteht aus Dahlien, Astilben, Dill, Sonnenhut, Rosen und Funkienblättern.

ZIMMERGARTEN

Zimmerpflanzen machen Innenräume zu grünen
Lungen. Sie sorgen für Luftfeuchtigkeit, Sauerstoff und ein
angenehmes Raumklima.

———

Zimmerpflanzen

Zimmerpflanzen sind ein fester Bestandteil unserer Wohnkultur. Für alle, die mit dem grünen Daumen weniger gesegnet sind, gibt es auch ein paar unkomplizierte und pflegeleichte Pflanzen fürs Wohnzimmer, die Küche oder das Büro.

Robuste Zimmerpflanzen sind leicht zu erkennen: Sie haben meist dicke Blätter, die viel Wasser speichern, oder starkes Blattwerk und einen verholzten Stamm. Sie kommen meist mit wenig Sonnenlicht aus und stellen keine Ansprüche in Bezug auf Luftfeuchtigkeit, Standort und Wärme.

PFLANZEN FÜR INNENRÄUME

Der Durchbruch für tropische Zimmerpflanzen gelang erst durch die Zentralheizung und die helle, großzügige Architektur mit großen Fenstern. Beim Standort für Zimmerpflanzen unterscheiden wir sonnig, hell, schattig und halbschattig. Sonnig ist es an großen, nach Süden oder Südwesten ausgerichteten Fenstern, wo die Sonne mehrere Stunden und vor allem mittags in das Zimmer scheint. Hell ist es an Fenstern in Ost- und Westlagen, wo die Sonne einige Stunden ins Zimmer scheint. Schattig ist es an Nordfenstern, an Fenstern zu dunklen Hinterhöfen, in Zimmern mit kleinen Fenstern oder in dunklen Fluren. Halbschattig ist es dort, wo die Sonne nur wenige Stunden ins Zimmer scheint, neben oder unter Fenstern, direkt oder in unmittelbarer Nähe der Fenster. Das ist wichtig zu wissen, wenn Sie sich eine Zimmerpflanze kaufen. Der Standort und der Lichtbedarf macht die Auswahl leichter.

TIPP

Die meisten Zimmerpflanzen vertragen keinen Kalk im Gießwasser. Sie wollen keine Zugluft und kalte Füße. Von Februar bis Oktober werden sie gedüngt. Alle 2 bis 3 Jahre kann man sie umtopfen. Die Staubschicht auf den Blättern sollte mit einem feuchten Tuch entfernt werden.

Orchideen sind die Lieblingsblumen vieler Frauen. Ihre Blüten wirken exotisch und elegant.

ORCHIDEEN – SCHMETTERLINGE AM FENSTERBRETT

Den Ruf heikel zu sein, haben sie längst abgelegt. Durch moderne Zuchtverfahren stehen eine Vielzahl wunderbarer Exoten zur Verfügung, die problemlos auf der Fensterbank gedeihen. Orchideen sind Epiphyten, das bedeutet, sie nehmen durch die Wurzeln ihre Nähstoffe aus der Luft und dem Regenwasser auf. Um diese Wurzeln in den Wohnzimmern feucht zu halten, nimmt man spezielle Orchideensubstrate, meist aus Rinde, Torf, Styropor und anderen Zusätzen. Der Erzfeind jeder Orchidee ist die Fäulnis. Ihre Wurzeln dürfen nicht im Wasser stehen und auch das Substrat sollte zwischen den Wassergaben immer abtrocknen. Orchideen mögen beim Gießen abgestandenes Leitungswasser, am besten aber Regenwasser.

PHALAENOPSIS – ORCHIDEE FÜR ANFÄNGER

Die Phalaenopsis ist die ideale Einsteiger-Orchidee und fühlt sich bei Zimmertemperatur wohl. An einem hellen Platz am Fenster, ohne direkte Sonnenbestrahlung, gedeiht sie hervorragend. Staunässe ist tödlich für die schöne Schmetterlingsblume. Beim Gießen am besten eine Kanne mit sehr langem Hals und dünnem Wasserstrahl verwenden. Mit der Sprühflasche werden die Blätter befeuchtet.

Wässern Sie die Orchidee idealerweise durch ein wöchentliches Tauchbad – das Substrat langsam benetzen, damit es sich vollsaugt. Der Übertopf sollte nach jedem Gießen oder Tauchen sorgfältig geleert werden, damit die Wurzeln nicht im stehenden Wasser faulen. Die alten Blütenstände so lange stehen lassen, bis sie eingetrocknet sind.

Richtig umtopfen

Nach 2 bis 3 Jahren müssen Orchideen umgetopft werden, weil die Wurzeln mehr Platz und frisches Substrat benötigen.

Schritt 1 Vor dem Umtopfen schneiden Sie die alten Blütenstiele ab, dass die Pflanze Kraft zum Einwurzeln hat. Damit die Wurzeln anwachsen, muss die Pflanze hell genug und nicht zu warm stehen.

Schritt 2 Befüllen Sie den neuen Topf mit Orchideen-Substrat, dass die Wurzeln der Orchidee bequem Platz haben. Wählen Sie möglichst ein Gefäß aus transparentem Kunststoff. Topfen Sie die Orchidee nun vorsichtig aus und befreien Sie die Wurzeln gründlich von den Resten des alten Substrats.

Schritt 3 Setzen Sie die Orchidee mittig in den neuen Topf. Dann füllen Sie von allen Seiten frisches Substrat ein. Klopfen Sie den Topf zwischendurch mehrmals leicht auf den Pflanztisch und heben Sie dabei die Orchidee am Wurzelhals leicht an, damit das Substrat in alle Zwischenräume rieselt. Wenn das Substrat nicht mehr absackt, ist die Pflanze richtig umgetopft. Abschließend im Tauchbad vollsaugen lassen.

1. Die alten Blütenstiele kürzen.

2. Die Wurzeln vom alten Substrat befreien.

3. In neuem Topf mittig einsetzen.

BELIEBTE BLATTSCHMUCK-PFLANZEN

- **Zamie (*Zamioculcas*)** Schneller Wuchs, robust, wenig Wasser, kann austrocknen, für Menschen ohne grünen Daumen.
- **Alokasie** Wird breit, braucht fast keine Pflege, Blütendolde im Juli bis Oktober.
- **Yucca** Sehr pflegeleicht, braucht viel Platz, wächst auch ausgezeichnet in Hydrokultur. Anspruchslos und einfach zu kultivieren.
- **Einblatt (*Spathiphyllum*)** Hell und schattig, feucht, blüht fast das ganze Jahr.
- **Bogenhanf (*Sansevieria*)** Liebt Trockenheit über Heizungen, gedeiht in Sonne und Schatten.
- **Elefantenfuß** Sukkulent, überlebt lange Trockenperioden.
- **Kentiapalme (*Howea*)** Schattenpalme, dunkel, Wurzeln dürfen nicht austrocknen.
- **Steckenpalme** Halbschattig, braucht tiefes Pflanzgefäß, schlanke, schilfähnliche Blätter.

Der Drachenbaum braucht ein helles Fenster, hohe Luftfeuchtigkeit und ein gleichmäßig leicht feuchtes Substrat.

1

2

VERMEHRUNG VON ZIMMERPFLANZEN

Es ist gar nicht so kompliziert, Zimmerpflanzen zu vermehren. Vielleicht kommt auch für Sie die kostengünstige Methode in Betracht, mit der unsere Großmütter einst bestens vertraut waren. Die Vermehrung durch Stecklinge ist eine einfache Methode, neue Pflanzen zu ziehen. Am bekanntesten ist die Vermehrung durch Kopfstecklinge. Sie bestehen aus einer Triebspitze mit Stängel und einigen Blättern.

Wurzelbildung im Wasserglas

Zur Gewinnung von Stecklingen schneiden Sie von der Mutterpflanze einen 10 cm langen, nicht verholzten Trieb ab und stellen ihn in ein Wasserglas. Das Glas bei normaler Raumtemperatur an einen hellen Standort stellen. Innerhalb von etwa 2 bis 3 Wochen bilden sich neue Wurzeln. Der Steckling wird dann in für seine Art empfohlenes Substrat gepflanzt und leicht angegossen.

Ableger schneiden

Ableger, auch als Kindel bekannt, entspringen dem Haupttrieb der Mutterpflanze und sind optisch ihre Miniaturausgabe. Oftmals haben sie bereits eigene Wurzeln. Die Grünlilie bildet solche Ableger (sie können bei Bedarf noch weitere im Wasserglas bilden). Mit einer Schere möglichst dicht an der Mutterpflanze schneiden, ohne diese zu verletzen.

Den Ableger in einen Topf mit Zimmerpflanzenerde setzen, vorsichtig andrücken und nur leicht gießen. Während der gesamten Anwachsphase darf die Jungpflanze nur mäßig gegossen werden, damit die Wurzeln nicht faulen. Ausprobieren! Es funktioniert.

1. Die Efeutute zählt zu den pflegeleichtesten Zimmerpflanzen überhaupt. Sie braucht sehr wenig Wasser und wächst in Sonne und Schatten. Die Stecklinge der Efeutute bilden im Wasserglas sehr schnell Wurzeln aus.

2. Die Kindel der Grünlilie sind besonders leicht zu vermehren.

BLUMENWANDBILD BASTELN

Aus gepressten Blüten können Sie ein hübsches Wandbild kreieren.
Sie brauchen dazu: ein dickes Buch zum Blumenpressen, einen
Glasbilderrahmen aus dem Möbelgeschäft, eine Schnur und Blüten
aus dem Garten.

1.
Blüten Ihrer Wahl zwischen die Buchseiten legen.
Einige Wochen an einem dunklen Ort im Buch
trocknen lassen. Buch dabei unbedingt beschweren.

2.
Die gepressten Blüten vorsichtig herausnehmen
und im Wandbild so arrangieren, dass es gefällig
aussieht. Dann Glasrahmen schließen.

3.
Das Wandbild mit einer
Schnur versehen und an
einem Haken an der
Wand befestigen.

ZIMMERPFLANZEN-TERRARIUM

Aus einem dekorativen, großen Wasserglas lässt sich im Handumdrehen ein Mini-Glashaus für Sukkulenten herstellen. Sie brauchen dazu: ein großes Glas mit breiter Öffnung, Substrat für Sukkulenten und Dekosteine, um den Rand auszulegen.

1.
Füllen Sie das Pflanzsubstrat auf den Boden des Glases ein. Dann legen Sie den Rand des Glases mit hübschen Dekosteinen aus.

2.
Bepflanzen Sie das Substrat mit Sukkulenten. Diese sind ideal für das Mini-Glashaus, weil sie sehr wenig Wasser brauchen.

3.
Das Terrarium sonnig stellen und vorsichtig gießen. Ein origineller Blickfang im Wohnzimmer!

RASENGARTEN

Ein alter Bauernspruch zur Rasenaussaat:
Legst mi im April, komm ich wann ich will. Legst mich im Mai, dann komm ich glei.

———

Gartenkult bringt Sie zum Rasen

Ein perfekter Rasen ist das Ergebnis intensiver Pflege:
Entlüften, Rasenschnitt, Bewässerung und Düngung sind die
Hauptparameter dabei.

B evor Sie einen Rasen
aussäen, sollten Sie die passende Samenmischung für Ihre
Bedürfnisse wählen. Jede Nutzungsart hat ihre eigene Saatgut-Zusammenstellung. Lassen
Sie sich im Fachhandel gut beraten!

RASENFAHRPLAN ÜBERS JAHR

Eine optimale Rasenanlage
lässt sich nur mit einem gut geplanten Terminkalender erarbeiten:

Im März / April wird vertikutiert, das heißt, der Boden wird
entlüftet und von Moos und
Unkraut mit einem Vertikutierer befreit. Das gibt ihm Kraft
für neues Wachstum.

Im Mai kann mit der Rasenaussaat begonnen werden. Dies
ist der beste Zeitpunkt für die
Anlage eines neuen Rasens
oder für eine Nachsaat bei
schütterem Rasen. Bei Rasenneuanlagen müssen Sie die
Fläche in den ersten 4 Wochen
konstant feucht halten.

Ab Juni kann gedüngt werden.
Bedenken Sie, wenn Sie Kinder und Tiere haben, dass ein
organischer Dünger keine synthetischen Gifte enthält und so
das natürliche Gleichgewicht
im Gartenboden erhalten
bleibt. Auch die Ausbringung
eines Bodenaktivators ist von
Vorteil. Mähen Sie öfter ohne
Fangkorb! So bleibt das
Mulchmatrial gleich als Dünger liegen.

Im September können Sie, je
nach Zustand des Rasens, ein
zweites Mal vertikutieren und
danach Kalk oder Quarzsand
ausbringen. Das schützt die
Rasengräser vor starken Frösten.

Im Oktober / November nach
dem Blattfall entfernen Sie alles Laub vom Rasen. Auf dem
Rasen behindert es die Lichtaufnahme der Gräser und fördert das Mooswachstum.

TIPP

Lassen Sie die
Rasengräser im
Hochsommer bei
sehr starker Hitze
etwas höher wachsen und mähen Sie
weniger oft. Lange
Rasengräser überstehen Hitze und
Trockenheit besser.

ROLLRASEN VERLEGEN

Bereiten Sie den Boden vor: Rechen, bis eine feinkrümelige, glatte Oberfläche entsteht. Alle Wurzeln und Unkraut sollten Sie entfernen.

1.
Rasen ausrollen. Rollrasen muss spätestens 24 Stunden nach der Lieferung ausgelegt werden. Packen Sie die Rollen von der Palette, damit der Druck auf die untersten Rollen nicht so groß ist. Lassen Sie die Rollen nicht in der Sonne liegen. Rollrasen darf nur ausgerollt gewässert werden!

2.
Verlegen. Die Rollrasenbahnen werden im Verbund verlegt, damit keine Kreuzfugen entstehen. Praktisch: Rollrasen lässt sich mit einem alten Gartenmesser wie ein Teppich schneiden. So können Sie auch Kurven entlang von Beeten oder Wegen bündig auslegen.

3.
Stoßkanten schließen. Legen Sie die Bahnen so, dass die Kanten ganz leicht übereinanderliegen, dann gibt es keine Lücken, wenn sich der Rollrasen später in der Sonne zusammenzieht.

4.
Antreten. Treten Sie die Bahnen gut an, bei größeren Flächen am besten mit einer Walze.

5.
Gießen. Abschließend gut wässern, damit sich die Wurzeln mit dem Unterboden verbinden und sofort weiterwachsen. In den folgenden 2 bis 3 Wochen darf der Rasen nicht austrocknen! Wässern Sie nur morgens und abends.

Ein schöner Rasen – Handarbeit mit viel Gespür.

DIE PFLEGE DES RASENS

Ein gepflegter Rasenteppich bereichert das grüne Wohnzimmer im Freien.

Vertikutieren

Ein gesunder Rasen benötigt neben Nährstoffen auch ausreichende Luftzufuhr. Daher sollten Sie Ende März die Filzschicht aus Moosen und abgestorbenen Pflanzenteilen durch Vertikutieren entfernen.

Düngen

Die beste Zeit zum Düngen ist kurz vor einem Regen: Regnet es nicht, muss der Rasen gleich nach Ausbringung des Düngers gut gegossen werden, damit die Gräser nicht verbrennen. Düngen Sie mit Hilfe eines Streuwagens in Längs- und Querrichtung. Gedüngt wird im März, Juni und Oktober.

Kalken

Damit ein Rasen sich zum gewünschten samtig-grünen Teppich entwickelt, darf der Unterboden nicht zu sauer sein. Ein pH-Wert zwischen 6 und 7 ist optimal. Sinkt der Wert unter 5,5 kommt es zu Mooswuchs. Kalk stellt das Gleichgewicht wieder her. Einen Rasen mit zu niedrigem pH-Wert können Sie jederzeit kalken. Besonders aufnahmebereit ist die Grasfläche im Frühling, gleich nach dem Vertikutieren und im September, wenn der Rasen zur Vorbereitung für den Winter nochmals gelüftet wird.

Gießen

Wässern Sie nicht täglich, sondern ein- bis zweimal in der Woche, dann aber ausgiebig. Gießen Sie früh am Tag oder am frühen Abend und nicht in der heißen Mittagssonne! Die Tropfen wirken sonst auf den Pflanzen wie Brenngläser. Damit das Wasser gut in den Boden eindringen kann, sollten Sie sanft beregnen und ausreichend lange. Im Hochsommer wässern Sie den Rasen mehrmals richtig intensiv! Das ist besser, als ihn täglich ein paar Minuten zu gießen.

RASEN-NEUSAAT

Sie wollen eine neue Rasenfläche anlegen? Hier zeigen
wir die sechs Schritte dazu.

1.
Rasen im März /
April neu anlegen.
Dazu den Boden
umgraben, Steine,
Wurzeln, Unkraut
entfernen. Bei
lehmigen Böden
Quarzsand oder
Bodenverbesse-
rer einarbeiten.

2.
Ist der Boden ge-
lockert, ebnen
Sie die Fläche mit
dem Rechen oder
einer Gartenwal-
ze ein. Bei kleinen
Flächen können
Sie ein Brett ver-
wenden.

3.
Bringen Sie mit
dem Streuwagen
die Rasensamen
gleichmäßig auf
der Fläche aus.
Säen Sie einmal
längs und einmal
quer. Ziehen Sie
mit dem Stiel des
Rechens an den Rändern einen kleinen Graben
und streuen Sie dort mehr Samen.

4.
Um zu vermeiden,
dass sich der Bo-
den zu sehr setzt
und nach der Aus-
saat Unebenhei-
ten aufweist, müs-
sen Sie ihn walzen – wieder mit der Walze oder
mit einem langen Brett.

5.
Halten Sie den
Rasen in den ers-
ten 3 bis 4 Wo-
chen mit einem
Regner feucht,
morgens oder
abends wässern. Nach gut 3 Wochen haben alle
Samen ausgetrieben.

6.
Ist das Gras 8 bis 10 cm hoch, mähen Sie das erste Mal. Schneiden Sie den Rasen auf 5 cm zurück
und mähen Sie dann wöchentlich.

SCHALE AUS FÖHRENZAPFEN MIT MOOS

Haben Sie Moos im Rasen? Das können Sie gleich für eine Zapfenschale verwenden! Sie brauchen dafür: 1 Kunststoffschale von ca. 30 cm Durchmesser, Föhrenzapfen, Gartenschere, Klebepistole, Pflanzen zum Einsetzen, beispielsweise Eriken *(Erica)* und Heide *(Calluna)*, sowie Erde.

1.
Schneiden Sie die Köpfe der Zapfen flach ab und stürzen Sie die Schale um. Dann kleben Sie mit der Klebepistole die Zapfen kopfüber auf.

2.
Die Zwischenräume füllen Sie mit Moos auf, sodass man den Kunststoff der Schale nicht mehr sieht und eine schöne, runde Form entsteht.

3.
Drehen Sie die Schale wieder um und kleben Sie an den Rand ebenfalls Föhrenzapfen auf, sodass ein gleichmäßiger, schöner Abschluss entsteht. Zwischenräume wieder mit Moos verdichten.

4.
Füllen Sie Erde in die Schale und setzen Sie Pflanzen Ihrer Wahl ein. Besonders hübsch sind Heide oder Eriken, da die Schale so von Herbst bis Weihnachten als Dekoration das Auge erfreuen wird.

SCHATTENGARTEN

Ein Schattengarten ist der Natur nachempfunden. Er kann spannend
und sehr abwechslungsreich bepflanzt werden.

Die im Schatten gut gedeihen

An den heißen Tagen des Sommers weiß jeder Mensch den Schatten zu schätzen. Unterm Blätterdach von hohen Bäumen herrschen angenehme Temperaturen.

Die Baumkrone filtert Licht und Staub. Die Luftfeuchtigkeit ist hoch und das steigert das Wohlbefinden. Der waldähnliche Lebensraum gibt uns das Gefühl der Geborgenheit. Kein Schirm, kein Sonnensegel – nichts gibt so angenehmen Schatten wie ein großer Baum. Seit Jahrhunderten legen Gartenarchitekten Laubengänge und Haine an, um den Menschen vor den sengenden Strahlen der Sonne zu schützen. Wir brauchen wohl das Licht, um zu leben. Wir brauchen aber auch den Schatten, um uns zu regenerieren.

BEGEHRTE SCHATTEN-PLÄTZE IM GARTEN

Die größte Auswahl an Blütenstauden bietet der leichte Streuschatten. Aber auch Gartenbereiche, die nur stundenweise am Vormittag oder Nachmittag besonnt sind, gehören zu den begehrten Plätzen. Gerade dort, wo der Boden feucht bleibt, fühlen sich viele Blütenstauden wohl. Im tiefen Schatten hingegen sind Spezialisten gefragt: Hier kommen nur wenige Pflanzen wie Efeu und Farne klar. Für diese problematischen Ecken hält die Natur eine Überraschung parat: Mit Blattstauden und Schattengräsern rücken Wuchsform und Blattschönheit in den Mittelpunkt. Manche Menschen legen sich einen Schattengarten an, um mit der Vielfalt an Blattschmuckpflanzen zu experimentieren. Schattenorte sind Plätze im Garten, wo eben die leisen Töne der Pflanzen gut zur Geltung kommen. Gedämpftes Licht lässt Pastellfarben und Blattmuster strahlend schön erscheinen.

TIPP

Stellen Sie Ihre Pflanzen am besten gleich in der Gärtnerei nebeneinander auf, um zu sehen, ob sie miteinander harmonieren. Silbrige Flecken auf dem Laub, gelbe Streifen oder weiße Ränder wirken im Schatten wie spannende Lichtpunkte.

1. Topf an Topf wirken Heidelbeere, Ahorn, Segge, Hortensien und Anemonen.

2. Wasserpumpen machen das Wasser lebendig.

3. Eine große Schatten-Schale aus Autoreifen-gummi mit Windlichtern und Dekor.

IDEALE SCHATTEN-PFLANZEN FÜR DEN TOPF

Viele Schattenpflanzen lassen sich wunderbar im Gefäß ziehen. Wichtig ist, dass der Topf über guten Wasserabzug verfügt. Am besten, Sie machen vor dem Einpflanzen eine Drainage mit Vlies und Blähton. Heidelbeeren und Hortensie sind Moorbeetpflanzen und brauchen saure Erde.

Eine Schale für den Schatten

Eine ca. 50 cm große, flache Schale mit Erde befüllen. Buntnesseln und Fleißige Lieschen (*Impatiens*) verschiedener Farben einsetzen. Zwei Gläser mit Kerzenlichtern dazwischen platzieren und die Zwischenräume mit Moos auffüllen. Zum Schluss zwei bemooste Äste kreuzförmig in die Schale legen. Das

sieht dekorativ aus und kann in den Abendstunden beleuchtet werden.

Wasserpflanzen

Haben Sie gewusst, dass Wassersalat, Zwerg-Rohrkolben und die weiße Sumpf-Iris auch im Schatten gedeihen? Sie sind ideal für die Bepflanzung eines kleinen Mini-Teiches in der Schale. Alles, was Sie dafür brauchen, ist ein wasserdichtes Gefäß, z. B. eine ovale Keramikschale ohne Löcher, Kies oder Flusssteine, Teicherde und eine kleine Wasserpumpe.
Dann einfach das wasserdichte Gefäß mit Steinen befüllen und die Pflanzen darin mit Teicherde einsetzen. Kleine Wasserpumpe installieren, Wassersalat schwimmen lassen und zum Schluss die Pumpe einschalten.

3

WINTERHARTE SCHATTENPFLANZEN

Eiben sind ideale Schattenpflanzen für die Hecke. Sie vertragen jeden Schnitt, sind immergrün, robust und nicht anfällig für Krankheiten. Sie gedeihen im Schatten und auch in der Sonne.

Efeu Bodendecker und Kletterpflanze. Er klettert von selbst an der Mauer hoch und bildet im Boden starke Ausläufer.

Funkie Der Star unter den Schattenstauden ist die Funkie, von der es 50 Arten gibt. Sie haben abwechslungsreiches Laub mit weißen, schönen Blüten. Aber Achtung! Die Schnecken haben Funkien zum Fressen gern.

Storchschnabel ist sehr schattenverträglich und bestens für problematische Standorte unter dichten Gehölzen geeignet. Lange Blütezeit, große Blüten, prächtige Farben und schönes Laub.

Farne Im tiefen Schatten gedeihen Farne am besten. Die urtümlichen Pflanzen bilden keine Blüten, sind aber mit ihren filigranen Wedeln sehr attraktive Blattschmuckpflanzen und eignen sich hervorragend als Bodendecker.

Monatserdbeeren Sind nicht so empfindlich wie Kulturerdbeeren. Sie heißen auch Wald-Erdbeeren, weil sie im lichten Schatten unter Bäumen gedeihen und dort aromatische Früchte tragen.

DIE SCHATTENGÄRTNERINNEN – HORTENSIEN

Hortensien sind die dankbarsten und prächtigsten aller Schattenpflanzen. Als winterharte Sträucher brauchen sie wenig Pflege. Aber sie brauchen ausreichend Wasser. Ihr lateinischer Name deutet dies an: *Hydrangea* – die Wasserdurstige. Hier drei der beliebtesten Sorten.

Rispen-Hortensie

Die Rispen-Hortensie 'Limelight' hat große, feste, aufrechte Blütenrispen und blüht von Juli bis in den Spätsommer. Im Laufe des Sommers färben sich die Blüten leicht rose. Ihr Wuchs ist sehr aufrecht und kompakt. Selbst bei starkem Regen biegen sich die Triebe nicht zu Boden.

Hortensie 'Annabelle'

Sie wird wegen ihrer kugelförmigen, riesigen Blüten auch Schneeball-Hortensie genannt. Mehr Blütenfülle ist kaum denkbar. Lange Blütezeit zwischen Juni und Oktober. Die schöne Annabelle ist nicht wählerisch, sie fühlt sich im Schatten, aber auch in der Sonne wohl.

Eichblatt-Hortensie

Die Form ihrer Blätter erinnert an Eichenlaub. Die großen Blüten erscheinen im Frühsommer in Weiß und färben sich dann rosa. Die Blütendolden werden bis zu 30 cm lang! Sie gedeiht in voller Sonne, Halbschatten und Schatten. Bevorzugt in allen Lagen einen feuchten Standort.

1. Die Hortensie 'Limelight' ist ein Hingucker im Garten. Beim Einpflanzen Moorerde verwenden!

2. Die Blüten der Schneeball-Hortensie werden so groß wie ein Fußball.

3. Besonders lange Blüten hat die Eichblatt-Hortensie.

TOP FÜR DEN SCHATTEN

Unter den besten Schattenkünstlern finden wir auch winterharte Stauden, die sehr beliebt sind.

1.
Das Kaukasusvergissmeinnicht (*Brunnera*) hat gezeichnete Blätter, die zierlichen blauen Blüten erscheinen im April bis Juni. Robust und langlebig! Winterhart.

2.
Der Frauenmantel (*Alchemilla*) blüht von Juni bis Juli im Halbschatten und ist eine Heilpflanze. Seine samtigen Blätter sind besonders hübsch, wenn sich Tautropfen auf den Blättern bilden. Winterhart.

3.
Die Anemone ist eine Botin des Herbstes. In der Gruppe gepflanzt, sorgen Herbst-Anemonen von August bis zum Frost für Farbe. Winterhart.

6.
Fuchsie. Gedeiht prächtig im Schatten, große Sortenvielfalt mit unterschiedlichen Blütenfarben und -formen sowie diversen Wuchsformen. Muss im frostfreien Raum überwintert werden.

4.
Begonie. Mehrjährig, idealer Sommerblüher für den Schatten, kann im Winterquartier überwintert werden. Blüht bis zum Frost.

5.
Fleißiges Lieschen (*Impatiens*), auch Schöne Wienerin genannt. Braucht viel Wasser. Einjährig.

HECKENGARTEN

Der Wunsch, seinen Garten zu umgrenzen, ist wohl so alt wie die Menschheit selbst. Hecken sind lebende Wände, die jede räumliche Gestaltung unterstützen.

———

Hecken zum Verstecken

In den Gartenoasen der Herrscher und Könige entfaltete sich ebenso wie im mittelalterlichen „hortus conclusus", dem umschlossenen Garten, die kultivierte Natur, während draußen die wilde Natur herrschte.

Solange sich der Mensch den Naturmächten hilflos ausgesetzt fühlte, umgab er sich mit Hecken, Zäunen und Mauern.

HECKENFORM UND PFLANZABSTAND

Streng formierte Hecken sollten ein- bis zweimal im Jahr einen Rückschnitt erhalten, damit sie dicht und buschig werden. Der fachmännische Heckenschnitt erfolgt mit einer kleinen, handlichen, elektrischen oder mechanischen Heckenschere. Geben Sie der Hecke eine konische Form, unten breiter als oben, damit sie auch später bis unten hin dicht bleibt. Der Pflanzabstand bei Hecken aus Liguster, Berberitzen und Kirschlorbeer sollte drei bis fünf Pflanzen pro Laufmeter sein. Bei zu geringem Pflanzabstand schließt sich eine Hecke zwar sehr schnell, es besteht aber die Gefahr, dass sie später wegen Lichtmangels nach innen kahl wird.

Bei locker wachsenden Hecken aus Ziersträuchern und Laubgehölzen gilt als Richtwert für den Pflanzabstand ein bis zwei Stück pro Meter. Pflanzabstand bei Koniferenhecken (Nadelgehölze) wie Eiben, Lebensbäume, Zypressen: zwei bis drei Stück pro Laufmeter.

WASSERBEDARF UND NÄHRSTOFFE

Düngen Sie Ihre Hecke einmal jährlich, am besten im Frühjahr, mit entsprechendem Dünger. Achten Sie auf kräftige und ausreichende Wasserversorung. Es ist besser, einmal in der Woche kräftig, als täglich wenig zu gießen!

TIPP

Längere Trockenheit in den Wintermonaten ist oft der Grund, dass Heckenpflanzen braun werden oder ausfallen, denn die Blätter und Nadeln von Heckenpflanzen verdunsten Wasser auch bei Sonneneinstrahlung im Winter.

Die Riesen-Rutenhirse *Panicum virgatum* 'Northwind' ist als Hecke besonders attraktiv. Sie ist pflegeleicht und verträgt Trockenheit.

Vermeiden Sie Staunässe. Hecken benötigen auch im Winter Wasser. Gießen Sie, wenn der Boden frostfrei und trocken ist.

WELCHE HECKENARTEN GIBT ES?

Je nachdem, welche Ansprüche Sie an Ihre Hecke im Garten haben, können Sie unterschiedliche Pflanzen mit unterschiedlichen Wuchsformen und Eigenschaften wählen.

Gräserhecke

Riesen-Rutenhirse 'Northwind' *(Panicum virgatum)* hat einen straff aufrechten, säulenhaften Wuchs und ist für Hecken, die viel Trockenheit aushalten müssen, hervorragend geeignet. Das Gras bleibt bei jeder Witterung aufrecht stehen, ohne zu kippen.

Niedrige Hecken

Niedere Hecken begrenzen Gartenräume und fassen Beete ein. Es eignen sich Kleinsträucher wie Berberitzen, Buchs, Zwergspiere, Zwergflieder oder hoher Fünffingerstrauch.

Blütenhecken

Blütensträucher sind mehrjährige Pflanzen wie Pfeifenstrauch, Ranunkelstrauch (Kerrie), Sommerflieder, Sommer-Tamariske, Hibiskus, Wildrosen, Weigelie, Spierstrauch & Co. Als Naturgartenhecke blühen die Sträucher zu unterschiedlichen Zeiten und dienen Insekten wie Schmetterlingen, Bienen und den Vögeln.

Hecken aus Nadelgehölzen

Nadelgehölze behalten im Winter ihre Farbe und machen keinen Mist. Sie besitzen großes Regenerationsvermögen, bieten ausreichend Sichtschutz, werden sehr dicht und spenden Schatten – sie sind Schattenspender mit edlem Erscheinungsbild.

Laubhecken

Liguster zählt zu den beliebtesten Heckenpflanzen: robust und schnittverträglich, stellt kaum Anspruch an den Boden. Er wächst schnell und verträgt auch radikalen Rückschnitt. Kirschlorbeer ist immergrün und hübsch anzusehen. Hainbuchen sind heimische Gehölze, sehr preiswert und schnittverträglich.

BELIEBTE PFLANZEN FÜR HECKEN

Bei Heckenpflanzen sind folgende Eigenschaften gefragt: Schnellwüchsigkeit, Robustheit, Schnittverträglichkeit und Dichte. Hier eine kleine Auswahl.

1.
Blütenhecke. Wild wachsende, natürliche Hecke aus einem gut zusammengestellten Sortiment aus Blütensträuchern, die in zeitlicher Reihenfolge blühen. Der Vorteil: Sie müssen kaum geschnitten werden und sind willkommener Nistplatz für Vögel.

3.
Leylandzypressen-Hecke. Zypressen gelten als anspruchslose Nadelgehölze und tolerieren Umweltbelastungen im Industrie- und Stadtklima. Die Leylandzypresse hat einen Jahreszuwachs von fast einem Meter und gilt als die am schnellsten wachsende Hecke.

2.
Eiben-Hecke. Eiben sind sehr schattenverträglich und lassen sich äußerst gut in Form schneiden. Die Samen der Beeren sind für Menschen giftig.

4.
Kornelkirschen-Hecke. Die Kornelkirsche, *Cornus mas*, ist ein heimisches Gehölz mit hübschem Blatt und vielen Varianten. Absolut winterhart und schnittverträglich.

5.
Lebensbaum-Hecke 'Smaragd'. Thujenhecken erreichen eine Höhe von 4 m und schützen durch ihre Dichte jede Privatsphäre im Garten.

PFLANZUNG VON HECKEN

Hecken sind viel langlebiger als Sichtschutzwände und preiswerter als Mauern. Sie sind natürliche Zäune. Und so pflanzen Sie Ihre Hecke fachgerecht.

1.
Richtschnur spannen, damit der Pflanzgraben (Künette) gerade wird.

4.
Heckenpflanzen aufstellen und ausrichten.

2.
Rasenkanten abstechen.

5.
Die Pflanzen einsetzen. Graben Sie Heckenpflanzen nicht tiefer ein, als sie in der Baumschule gestanden haben. Nach der Pflanzung gründlich einschlämmen.

3.
Mit der Fräse oder händisch die Künette ausheben und mit guter Erde anreichern.

6.
Den Boden mit Rindenmulch abdecken. Er verhindert lästigen Unkrautwuchs.

LEUCHTKUGEL BASTELN

Mit Ästen aus dem Garten, Fichtenabfall oder feinem Birkenreisig können Sie eine hübsche Leuchtkugel selber herstellen. Sie brauchen: 3 Metallreifen, Kabelbinder, Bindedraht oder Golddraht, Lichterkette, Reisig, Band zum Aufhängen.

Und so geht's

1. Formen Sie drei Metallreifen zu einer Kugel, indem Sie sie kreuzweise ineinanderstecken. Dann verbinden Sie die Schnittstellen mit Kabelbindern, um die Kugelform zu fixieren. Enden der Kabelbinder abschneiden.
2. Binden Sie die Reisig-Ästchen mit den Kabelbindern auf das Kugelgerüst auf, sodass eine gleichmäßige, runde Form entsteht.
3. Jetzt schneiden Sie die wegstehenden Enden der Kabelbinder weg. Bereiten Sie eine Lichterkette vor, mit der Sie die Kugel ausleuchten werden. Wickeln Sie die Lichterkette im Inneren der Kugel gleichmäßig verteilt ein.
4. Hängen Sie die Kugel an einen für Sie passenden Platz und schalten Sie bei Dämmerung die Lichterkette ein. Sieht sehr heimelig und romantisch aus.

1. Mit Kabelbindern erhalten die Metallreifen die Form einer Kugel.

2. Sie können die Ästchen mit Kabelbindern, aber auch mit Golddraht an die Metallreifen aufbinden.

3. Geduld lohnt sich, die Kugel nimmt Form an.

4. Die Leuchtkugel ist eine Zierde in den Abendstunden beim Gartenfest.

RHIZOMSPERRE FÜR BAMBUS

Begrenzen Sie das Wurzelwachstum Ihres Bambus mit einer gewissenhaft gebauten Wurzelsperre. Zur Montage fertige Sperren gibt es im Fachhandel. So werden sie verlegt:

1.
Legen Sie die Grenzen für Ihren Bambus fest. An dieser Grenze ziehen Sie einen Graben, der mindestens 60 cm tief ist, damit die Wurzeln nicht mehr in der Lage sind, unten hindurchzukriechen.

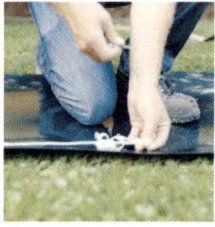

2.
Die Rhizomsperre ist eine spezielle, gehärtete Plastikfolie aus Polyethylen. Achten Sie darauf, dass Sie eine 2 mm starke Folie erwerben.

3.
Rhizomenrolle abrollen und zuschneiden. Die Klemmschiene auspacken.

4.
Verschrauben Sie die Rhizomsperre mit dem Aluverschluss, wie in der mitgelieferten Anleitung angegeben.

5.
Stellen Sie die Rhizomsperre nun in den Graben. Sie sollte nach dem Einbau mindestens 5 cm aus dem Erdreich herausragen.

6.
Setzen Sie Ihren Bambus in das Loch ein. Die Oberkante des Bambus sollte eine Fingerbreite unter der Erdoberfläche eingepflanzt werden. Gießrand machen und eingießen. Wenn die Bambuswurzeln über den Folienrand wachsen, schneiden Sie sie ab.

HECKEN ZUM VERSTECKEN

Die Raupe des Wiener Nachtpfauenauges – die Population ist stark rückläufig und daher schützenswert.

SCHREBERGARTEN

Kleingärten bilden auch heute ein Reservoir von Lebensqualität.
Sie machen die Menschen freier und vermitteln Nähe und Nachbarschaft.

Kleine Gärten ganz groß

Die Kleingärten erfüllten im 19. Jahrhundert ganz unterschiedliche Zwecke. Waren sie zu Beginn als Arbeitergärten konzipiert, wurden sie später kleine, grüne Oasen der Stadtbevölkerung.

Der Mensch schläft acht Stunden und arbeitet acht Stunden. In den restlichen acht Stunden will er schaffen, gestalten und formen. Will nicht Maschine, will Mensch sein. Der Kleingartenbau und die Kleingartensiedlung, aber auch Kleintierzucht und Blumenpflege boten ihm das, was er wollte. Sie ließen ihn wieder zum Denker, zum Schöpfer aufleben.

WOHER KOMMT DER SCHREBERGARTEN?

Wussten Sie, dass Schrebergärten ursprünglich gar keine Gartenvereine waren, sondern Kinderspielkreise? Schreber war nicht der Erfinder der Schrebergartenbewegung, wie man glauben könnte, sondern nur der Namensgeber. Als Arzt forderte Dr. Daniel Schreber die Schaffung von Spielstädten für Kinder und Jugendliche in der Stadt. Erst ein Pädagoge namens Heinrich Karl Gesell war es dann, der Grünflächen anlegte, wo Kinder das Gärtnern lernen sollten. Doch weil diese bald die Freude am Gärtnern verloren hatten, war die Anlage schnell von Unkraut überwuchert. Und so griffen die Eltern selbst zu Hacke und Spaten. Aus den Kinderbeeten am Rand der Spielwiese wurden Familienbeete, die man später parzellierte und mit Zäunen begrenzte. Es liegt viel Liebe, Kraft und Fleiß in so einem kleinen Stückchen Erde. Man lebte davon und überlebte damit.

TIPP

Der ganz normale Gartenzwerg heißt lateinisch „Nanus hortum vulgaris". Er kam 1872 in einer Thüringer Terrakotta-Manufaktur zur Welt. Zuerst sah man ihn nur in deutschen Gärten, ab 1960 wurde er in ganz Mittel- und Nordeuropa heimisch.

GEWEBTER SICHTSCHUTZ

Sichtschutz ist ein Thema im Garten! Bei der Gestaltung ist manchmal auch die optische Trennung wichtig. Eine künstlerische Variante zeigt unser Webteppich aus Naturmaterialien.

1.
Spannen Sie zwei Holzstecken zwischen die Baumstämme, sodass sie gut halten und nicht verrutschen können.

2.
Mit einer stärkeren Bindeschnur spannen Sie nun die Fäden Ihres „Webstuhls" von unten nach oben über die Stangen.

3.
Für den festen Halt werden die Schnüre zweimal um den Holzstecken gewickelt. Achten Sie auf gleich große Abstände.

4.
Nun weben Sie verschiedene Gräser und Zweige ein: Gräser von Riesen-Rutenhirse 'Northwind', Rohrkolben, Zweige vom Roten Hartriegel und Maisblätter – alle biegsamen Naturmaterialien sind dafür geeignet. Die Gräser werden wie bei einem Webteppich eingeflochten.

5.
Zum Schluss bringen Sie noch Farbe rein. Mit knalligen Lampionblumen beispielsweise peppen Sie den Sichtschutz auf.

6.
Und so sieht das fertig aus: Ein bunter, origineller Gartenschmuck, der jeden Besucher in Staunen versetzt.

Viele, die durch die industrielle Revolution vom Land in die Anonymität der Großstadt gerieten, hatten oft ihre Wurzeln verloren. In den meisten steckte aber die Sehnsucht nach einem Stück Boden, der ihnen gehörte. Im Kleingarten fand diese Sehnsucht Erfüllung.

GARTENDUSCHE SELBER BAUEN

Neben Sonnenstrahlen ist Wasser das wichtigste Element allen Lebens. Das Thema Wasser wird im Schrebergarten groß geschrieben. Wir zeigen Ihnen, wie Sie eine Gartendusche schnell bauen können.

Mit ein paar Brettern und ein wenig Geschick ist eine Gartendusche im Nu selbst gebaut. Sie brauchen: 3 Staffeln mit 6 × 8 cm, Länge 2 m, Holzbretter zugeschnitten auf 70 cm, 2 Winkeleisen, Bohrmaschine und Schrauben, Duschkopf, Schlauch und Anschluss, Lochbohrer.

Anleitung

1. Schrauben Sie die Bretter mit einem Zwischenraum von ca. 3 mm an die Holzstaffeln bündig an. Verbinden Sie die Staffeln für die Duschbodenplatte mit einem Winkel.
2. Schrauben Sie die Bodenplatten an den Bodenstaffeln bündig fest. Stellen Sie dann die Duschkonstruktion auf.
3. Bohren Sie mit dem Lochbohrer einen Durchlass für den Gartenschlauch und stecken Sie den Schlauch durch das Loch auf die Seite der Duschtasse. Stecken Sie eine Schlauchkupplung an.
4. Schrauben Sie den Duschkopf mit Wasseranschlussteil an die Duschwand und verbinden Sie die Wasseranschlüsse miteinander.

1. Im rechten Winkel zusammenschrauben.

2. Bodenplatten befestigen.

3. Schlauch montieren.

4. Wasser Marsch!

1

2

1. Schrauben Sie den Zinnkübel mit drei bis vier Dübeln an die Wand nahe Ihres Schlauchanschlusses.

2. Schneiden Sie ein Brett zu und passen Sie es der konischen Kübelform an. Über den Kübel wird der Schlauch aufgerollt.

WASSER IST ZUM LEBEN DA

In den Schrebergärten ist meistens ein Wasseranschluss vorhanden. Aber es ist immer gut, unabhängig zu sein. Das geht, indem man Regenwasser auffängt. Es ist weich und tut den Pflanzen gut. Es kostet nichts und kann in Behältern unter der Regenrinne gesammelt werden. Im Handel werden unterschiedliche Formen und Materialien angeboten. Wer Wert auf die Optik legt, ist mit einem alten Weinfass gut bedient. Das kann ganz leicht und kostengünstig in eine Regentonne verwandelt werden: Anschluss mit Wasserhahn im Baumarkt besorgen, mit der Lochsäge passend ausschneiden und schon ist das Regenfass fertig.

KÜBEL ALS WANDSCHLAUCHHALTER

Ein alter Zinnkübel wird mit der Bohrmaschine an die Wand geschraubt und mit einem Ablagebrett bestückt. Der Gartenschlauch kann um den Kübel gewickelt werden, das Brett dient als Ablage für Schlauchanschlüsse, Handschuhe oder Ähnliches – alles ist gut vor dem Regen geschützt.

MINI-WASSERBRUNNEN ANLEGEN

Damit die Geräusche aus der Umgebung und der Stadt Ihre Ruhe nicht stören, können Sie einen Wasserbrunnen installieren. Das Wasser beruhigt und lockt Bestäuber an.

ANLEITUNG

— Füllen Sie in einen wasserfesten Keramiktopf Kies oder Flusssteine.

— Installieren Sie nun die Pumpe im Topf. Erkundigen Sie sich zuvor genau über Leistung und Installierung. Beschreibung steht meist auf der Packung.

— Setzen Sie Wasserpflanzen mit Teicherde und Pflanzkörben ein. Wir haben hier Binsen und Segge *(Carex)* eingesetzt.

— Stellen Sie den Brunnen auf einen Platz im Garten, wo er den meisten Nutzen bringt und als Blickfang dient.

1

2

3

1. Mit einem wasserfesten Keramiktopf lässt sich leicht ein eigener Brunnen bauen.

2. Kleine Wasserpumpen gibt's im Handel.

3. Ein bis zwei Wasserpflanzen genügen für einen kleinen Brunnen.

4. Über Wasser im Garten freut sich jeder kleine Zwerg.

4

1. Es ist ein kreatives Vergnügen: Der Garten wird angelegt, wie es die Erwachsenen tun. Doch alles ist im Mini-Format.

2. Eine ganze kleine Welt sein Eigen nennen, wer kann das schon? Das gibt's nur im Zwergenland.

ZWERGENLAND BAUEN

Eine Zwergenlandschaft selbst zu bauen, ist der Traum vieler Kinder. Schon auf einem Quadratmeter ist Platz dafür. Kinder haben eine ganz besonders innige Beziehung zu Zwergen – sie sind ja selbst klein und schlau. Ihre Fantasie wird angeregt bei der Aufgabe: Wie bauen wir ein Zwergenland? Die meisten Utensilien liegen im Garten herum – man braucht sie nur zu sammeln. Der Rest findet sich vielleicht im Keller oder am Dachboden bei den alten Spielsachen. Dann braucht man natürlich

noch ein paar Pflanzen-Zwerge – und die gibt's im Gartencenter. Mit kleinwüchsigen Nadelgehölzen, Kies und Steinen sowie ein paar Moospflanzen, Rindenmulch und einer kleinen Schüssel kann es losgehen.

1. In die Landschaft kommen Sternmoos, eine Wasserschüssel als Teich, Zuckerhutfichte und andere Zwergkoniferen (Nadelgehölze). Der Teich wird mit Zierkies und Steindekor umgeben. Zunächst die Pflanzen und Teichschüssel arrangieren

und in den Boden versenken. Dann frei bleibende Flächen mit Rindenmulch abdecken.
2. Die Zwergenlandschaft wird gebaut wie ein echter Garten, doch nur im Mini-Format. Zum Schluss kommen Mini-Möbel und ein Zwergenhaus dazu sowie ein kleiner Topf mit Hauswurz. Dann werden die Zwerge platziert.
3. Eine unerschöpfliche Quelle der Fantasie und Kreativität ist das Zwergenland für alle Kinder, die gerne in der Natur spielen und sich ein eigenes Reich bauen wollen.

SCHAUKEL FÜR KLEINE GÄRTNER

Mit ein paar wenigen Mitteln ist eine lustige Gartenschaukel mit Froschgesicht gebaut. Kinderleicht! Sie brauchen dazu eine Spanplatte, Stichsäge, Schleifpapier, Acrylfarben und ein dickes Seil.

1.
Malen Sie mit dem Bleistift ein Froschgesicht auf die Spanplatte und schneiden Sie die Umrisse mit der Stichsäge aus. Genau in die Mitte bohren Sie das Loch in der Stärke des Seiles. Dann Schaukel gut abschleifen und Platte grün anmalen. Trocknen lassen.

2.
Malen Sie nun die Konturen des Froschgesichtes mit Bleistift vor und dann mit den Acrylfarben die Linien für Augen, Mund und Brauen mit Schwarz, Rot und Weiß aus.

3.
Wenn die Farben trocken sind, fädeln Sie das Seil ein.

4.
Machen Sie nun auf der Unterseite einen festen Knoten.

5.
Das Seil wird an einem starken Ast in passender Höhe befestigt und gut verknotet.

6.
Das Schaukelvergnügen kann beginnen!

ERLEBEN

KINDERGARTEN

Der naturnah angelegte Garten bedeutet für Kinder
ein Paradies, in dem sie ihren Bewegungsdrang und ihre
Neugierde ausleben können.

Der Garten als Abenteuer

Kinder spielen gerne mit Holz oder Erde, mit Wasser und Tieren.
Der Garten ist ein idealer Spielplatz, um Erlebnisse und Erfahrungen zu sammeln.

Kinder beobachten Tiere und Pflanzen, gehen gerne auf Entdeckungsreise und stellen Fragen. Deshalb ist es auch so wichtig, dass sie von klein auf ihre Beziehung zur Natur des Gartens entwickeln. Denn diese Natur ist spannender als jedes Computerspiel. Ein Garten, der Kindern gefällt, ist mit Räumen zum Spielen ausgerüstet: Schaukeln, Klettern, Naschen, Sandspielen, in der Erde graben – das alles sollte möglich sein. Und wenn es auch noch Höhlen gibt oder ein Zelt zum Verstecken, eine kleine Spielküche, wo sie ihre eigene Gänseblümchensuppe kochen können, oder eine Wasserstelle zum Matschen, dann sind die Kinder glücklich.

BEWUSSTER UMGANG MIT PFLANZEN

Gift in einem Garten, wo Kinder spielen – das geht gar nicht! Schon früh sollte man ihnen beibringen, dass sie nur das in den Mund stecken oder essen dürfen, was sie gut kennen. Deshalb ist der beste Weg, mit Giftpflanzen umzugehen, die Schulung der Kleinen in der Gartenwelt. Viele der giftigen Früchte schmecken nicht gut, deshalb werden sie schnell wieder ausgespuckt. Wenn Kinder von klein auf lernen, was sie essen, berühren oder abpflücken dürfen, kommen sie nicht so schnell in Gefahr. Natürlich ist es ratsam, im „Kindergarten" giftige Blumen und Pflanzen zu vermeiden.

TIPP

Diese giftigen Pflanzen sollten Sie im „Kindergarten" meiden: Engelstrompete, Seidelbast, Goldregen, Christrose, Eisenhut, Beeren der Eibe, Herbstzeitlose, Fingerhut, Maiglöckchen, Liguster, Oleander, Pfaffenhütchen, Stechpalme.

1. Bälle werfen und das Ziel treffen. Wer die meisten Bälle in die Kübel trifft, der gewinnt.

Genauso ist es unerlässlich, jegliches Gift von Spritzmitteln, synthetischen Rasendüngern oder chemischen Substanzen von Kindern fernzuhalten. Gift im Garten schadet immer!

SPASS BEIM SPIEL IM GARTEN

Statt aufwändiges Spielzeug zu kaufen, ist es spannend, es selbst zu bauen – mit einfachen Mitteln und wenig Geld. Im Wasser sind Kinder in ihrem Element. Oft genügt ein kleines Planschbecken oder ein Wasserschlauch für ein witzigspritziges Spielvergnügen im Garten.

Gartendusche aus PET-Flasche

Der Knüller für die Kinder, aber auch für Erwachsene an heißen

Sommertagen. Einfach ein paar Löcher in eine PET-Flasche machen und sie mit Klebeband am Ende des Gartenschlauchs befestigen – fertig ist die Gartendusche!

Wurfballspiel

Wer trifft in den Kübel? Alte Birken- oder andere Baumstämme dreifach überkreuzen, festbohren und mit einem Querstamm versehen. Baumstämme zusammenschrauben, sodass ein fest stehendes Gerüst entsteht. Zinnkübel, alternativ auch Körbe oder andere Gefäße wie große Aludosen, mit der Schnur aufhängen. Wer mag, malt die Kübel oder Dosen bunt an. Schon kann der Spaß losgehen. Einfach herzustellen!

2

3

Tic-Tac-Toe basteln

Dieses klassische Strategiespiel heißt auch „Drei gewinnt" und ist schon mehrere tausend Jahre alt. Auf einem quadratischen, 3 × 3 Felder großen Spielfeld setzen die beiden Spieler abwechselnd ihr Zeichen in ein freies Feld. Der Spieler, der als Erster drei Zeichen in eine Zeile, Spalte oder Diagonale platzieren kann, gewinnt. Das Spiel kann man für den Garten einfach basteln: Aus einer Holzscheibe und ein paar bemalten Steinen. Schon die Fertigung des Spieles macht den Kindern Riesenspaß. Und so geht's:

Schritt 1 Ein paar schön geformte Flusssteine sammeln und mit Acrylfarben bemalen. Pro Spieler müssen drei gleich aussehende Steine entstehen. Der Fantasie sind keine Grenzen gesetzt. Die Kinder können ihr Lieblingsmotiv selbst wählen. Unser Beispiel zeigt Fisch und Frosch. Beliebte Motive sind auch Marienkäfer, Biene oder Schaf usw.

Schritt 2 Eine Holzscheibe von 4 bis 5 cm Dicke mit der Motorsäge vom Baumstamm gerade abschneiden und gut abschleifen, damit sich niemand an Holzsplittern verletzt. Dann in die Scheibe mit einem wasserfesten, schwarzen Stift und Lineal ein Kreuzmuster zeichnen. Es kann losgehen … tic, tac, toe! Wer gewinnt?

2. Bei Tic-Tac-Toe bekommt jeder Spieler eine andere Farbe mit einem Motiv.

3. Wer als erster drei Steine in Linie platzieren kann, gewinnt.

NASCHGARTEN FÜR VITAMINTIGER

Schon bei den Kleinsten sehen wir, welche Freude sie an Kräutern und Obst, an Beeren und Gemüse haben. Welches Naschzeug Sie anpflanzen, sollten Ihre Kinder entscheiden dürfen, denn die wissen am besten, was ihnen schmeckt. Auf spielerische Weise sammeln Kinder ihre Gärtnererfahrung und bekommen den richtigen Bezug zu gesunder Ernährung, wenn sie von den Eltern oder Großeltern angeleitet werden. Sie übernehmen bald kleine Aufgaben wie Unkrautjäten, Aussäen oder Gießen. So lernen Kinder den Kreislauf der Natur kennen und

übernehmen leichter Verantwortung für das, was da wächst. Das Ernten macht ihnen sicher den größten Spaß. Aber die gärtnerischen Erfolge und Übungen stärken auch ihr Selbstbewusstsein und ihre Geschicklichkeit. Kinder lieben Erdbeeren, Himbeeren, rote Johannisbeeren, Heidelbeeren, Brombeeren, Weintrauben und Kiwis. Aronia, die Apfelbeere ist sehr vitaminreich. Kleine Fruchtzwerge, deren Früchte die Kinder gut pflücken können – Aprikosen, Äpfel, Pfirsich, Pflaumen, Kirschen und Birnen – gibt es auch als Zwerg- und Säulenobst. Cocktailtomaten sind die

Im Naschgarten wachsen Säulenapfel, Zwergpfirsich, Weintrauben, Kiwis, Himbeeren, rote Johannisbeeren, Heidelbeeren, Erdbeeren, Stachelbeeren, Mangold und Jostabeeren im dreifachen Zick-Zack: Am Boden, in der Höhe und am Gerüst.

Kinderfavoriten beim Gemüse nebst süßen Zuckererbsen, Karotten und Radieschen.
Wie wäre es, mal einen Naschgarten anzulegen, wo die Kleinen nach Herzenslust naschen dürfen und der noch dazu ganz toll aussieht?

Anleitung für den Zick-Zack-Garten

— Heben Sie im Garten mit dem Spaten an einem sonnigen Platz ein Zick-Zack-Beet von ca. 40 cm Breite aus. Richtschnur am Boden spannen – so wird der Spatenstich gerade. Beet mit guter Pflanzerde anfüllen, eventuell einen Bodenverbesserer unter das Erdreich mischen.

— Baumpfähle in unterschiedlichen Höhen aus dem Gartenfachmarkt sind mit Acrylfarben schnell bunt angemalt. Sie sehen wie Bleistifte aus, wenn man ihre Spitze vorne einfärbt. Die Pfähle werden 25 cm im Boden eingegraben und schauen mit der Spitze nach oben. Dann geht's ans Einpflanzen.

— Manches Obst braucht ein Spalier. Wir gestalten es mit Baumpfählen mit vorgebohrten Löchern und einem dünnen Seil. Dazu die Löcher in unterschiedlichen Höhen bohren und das Seil kreuzweise einfädeln. Gut anspannen.

TIPP

Lassen Sie Ihr Kind bei der Arbeit zuschauen. Erklären Sie ihm, warum regelmäßiges Gießen für die Pflanzen wichtig ist. Lassen Sie das Kind Samen anbauen: Legen Sie verschiedene Samentüten hin und lassen Sie es selbst wählen, was ihm am besten gefällt. Zeigen Sie ihm auch, wie man die Pflanzlöcher aushebt, und lassen Sie das Kind dann selbst weitergraben. Noch mehr Spaß macht die Gartenarbeit mit eigenem Gartenwerkzeug.

1

2

3

1. Das Beet mit dem Spaten ausheben.

2. Baumpfahl-Bleistifte bunt anmalen.

3. Schnur als Klettergerüst spannen.

ACHTERBAHN FÜR AUTOFREAKS

Der Traum jedes Jungen ist eine eigene Achterbahn für seine Renn-
autos. Da wird der Papa vielleicht tüchtig ins Schwitzen kommen.

1.
Mit weißem Kalk den
Verlauf markieren
und dann im Rasen
die Bahn ca. 4 bis
5 cm tief ausstechen.
Zuvor Fertigbeton in
der Scheibtruhe mit
Wasser abmischen.

4.
Achtung, nicht er-
schrecken. Schne-
cken! Verkehrsschil-
der aus Pappe und
Holzstäbchen kann
man mit Fantasie
selber machen.

2.
Die Spur der Achter-
bahn füllen Sie mit
feinem Sand auf. Ein
halbierter Autoreifen
gibt den Tunnel.

5.
Die Verkehrsinseln
mit Erde auffüllen
und mit Erdbeeren,
Mulch aus Stroh
sowie Gräsern be-
pflanzen.

3.
Füllen Sie Fertigbe-
ton ein und glätten
Sie die Bahn. Wenn
der Beton hart ist,
können Sie die Mit-
telstreifen mit Kreide
einzeichnen.

6.
Mit Rindenmulch zum Schluss
sauber abdecken. Gute Fahrt!

DIE BLUMEN-LOKOMOTIVE

Die Lok ist leicht zu bauen, am besten mit den Kindern! Sie brauchen: 6 Spankisten gleicher Höhe, Vlies zum Auslegen, bunte Acrylfarben Ihrer Wahl, Pinsel, Plastikuntersetzer, Erde, Sommerblumen, eine alte Grabvase und ein originelles Stofftier als Passagier.

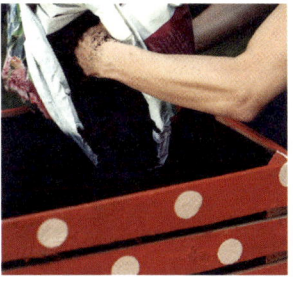

1.
Malen Sie alte Holzkisten mit bunter Farbe an. Eingelegtes Vlies verhindert das Ausrinnen der Erde.

3.
Bohren Sie die Blumenuntersetzer beidseitig als Räder an die Kisten.

2.
Erde einfüllen und bunte Sommerblumen einsetzen.

4.
Schneiden Sie die Grabvase unten gerade ab und kleben Sie sie mit einer Klebepistole als Rauchfang vorne auf die Lok.

5.
Und so hübsch sieht die Blumen-Lokomotive im Garten aus. Ein origineller Blickfang für große und kleine Gärtner.

WEIDENTIPI SELBER BAUEN

Ein Weidentipi ist der perfekte Spielplatz für kleine Abenteurer und der beste Schattenplatz im Sommer. Sie brauchen dazu: Bindeschnur, Sand zum Markieren, je nach Höhe Weidenruten mit 3 bis 4 m Länge von einer Sal- oder Trauerweide aus Aue oder Garten, Blumendraht, Baumschere, Gießkanne, Spaten.

1.
Radius des Weidenhauses von einem Mittelpunkt aus kreisförmig mit einer Schnur und mit Sand am Boden markieren. Pflanzgraben spatentief ausheben oder mit einem Spitzeisen Pflanzlöcher für die Ruten vorstechen.

2.
3 bis 4 m lange Weidenruten schneiden und an den Enden mit der Gartenschere schräg anspitzen.

3.
Die zugespitzten Weidenruten in regelmäßigen Abständen in die Erde stecken. Eingang nicht vergessen!

4.
Ruten mit einem Bindedraht oder einer Schnur im Mittelpunkt des Kreises zusammenbinden und dünne Rutenspitzen unterflechten. Weidenruten wurzeln schnell. Sie treiben aus, wenn man sie regelmäßig gießt.

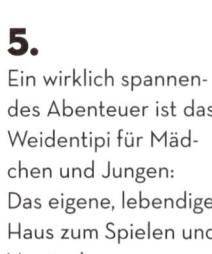

5.
Ein wirklich spannendes Abenteuer ist das Weidentipi für Mädchen und Jungen: Das eigene, lebendige Haus zum Spielen und Verstecken.

1. Mit der Stichsäge wird die Ausnehmung für die Waschschüssel ausgeschnitten.

2. Fertig ist die Gartenküche. Es macht Kindern riesigen Spaß, eigene Gartengerichte zu erfinden.

KLEINE GARTENKÜCHE ZUM SELBERBAUEN

Eine eigene Gartenküche – der Traum aller Mädchen, die gerne Kräutersuppen und Gänseblümchenkuchen im Garten machen wollen. Kinder kochen gerne und der Garten ist dafür der ideale Platz. Man kann beim Kochen auch ein bisschen Schmutz machen, ohne dass es die Mama stört. Und alle Zutaten wie Kräuter, Gras, Beeren, Obst und Gemüse sind im Garten verfügbar. Sie brauchen für den Selberbau: Stichsäge, Lochbohrer, wasserfesten Stift, Schlauch und Anschluss sowie ein Holzregal aus dem Baumarkt, eine kleine Waschschüssel, ein Regalbrett und Kindergeschirr.

Anleitung

– Holzregal in Kinderhöhe plus Brett für die Rückwand im Fachhandel kaufen und aneinanderschrauben.
– Mit der Stichsäge in der Größe der Waschschüssel ein Loch machen und die Schüssel hineinstellen.
– Mit dem Lochbohrer über der Waschschüssel ein Loch für den Schlauchanschluss bohren und einen Wasserhahn befestigen. Er wird auf der Rückseite mit einem Schlauchanschluss mit Wasserstopper verbunden.
– Ein kleines Regalbrett und Haken befestigen. Als „Herdplatte" genügt eine schwarz bemalte Kreisfläche. Mit Kochutensilien und Geschirrtuch bestücken – sieht super professionell aus. Schon kann aufgekocht werden. Ein Spaß für Mädchen und andere kleine und große Naschkatzen im Garten.

WASSERGARTEN

Wasser lebt und belebt den Menschen. Wasser hat die Fähigkeit,
Energien zu speichern und wieder abzugeben. Deshalb gelten manche
Brunnen und Wasserstätten als heilig.

———

Wasser wirkt belebend und beruhigend

Die Pflanzen im Garten wie auch wir Menschen brauchen zum Leben Sonne, Luft und Wasser! Als Wasserbecken, Bachlauf oder naturnaher Gartenteich ist Wasser ein Gestaltungselement, das schon die Inkas im alten Peru oder die Ägypter einsetzten.

Wasserläufe und Fontänen ziehen Menschen in ihren Bann. Kein Wunder, dass der moderne Mensch lebendiges Wasser auch in seinem grünen Wohnzimmer zur Erquickung haben möchte. So legt er einen Teich im Garten an, macht ein Biotop oder stellt einen Brunnen auf. Wasser erzeugt kühle Luft und wirkt harmonisierend.

SEEROSEN – BELIEBT BEI WASSERFREAKS

Seerosentiefe Die Pflanzen fühlen sich in einer Wassertiefe von 60 bis 100 cm wohl. Im Handel werden auch Mini-Sorten angeboten, die besonders für kleine Teiche geeignet sind. Bei der Auswahl der richtigen Sorte ist die Wassertiefe bzw. die Pflanztiefe entscheidend: In zu tiefes Wasser gepflanzte Seerosen kümmern vor sich hin, zu flach stehende wuchern über die Wasseroberfläche hinaus.

Seerosenplatz Sie brauchen einen Platz in der Sonne. Nur so bilden sich ab dem Frühjahr bis in den Herbst hinein Blüten, die in großer Zahl auftreten.

Seerosendünger Direkt nach dem Pflanzen ist noch keine Düngung wichtig, denn die frische Erde enthält Nährstoffe für die ersten 6 bis 8 Wochen. Danach geben Sie der Pflanze einen Depotdünger. Dieser wird am Rande des Korbs in die Erde gesteckt und bedeckt.

Seerosenkörbe haben den Vorteil, dass man die Pflanzen zum Anwachsen erst in flaches Wasser stellen und dann nach und nach absenken kann. Außerdem erleichtern solche Pflanzgefäße die Pflege. Denn etwa alle 3 bis 4 Jahre sollten Seerosen verjüngt werden, damit sie vital und blühfreudig bleiben.

Die Kreidetafel zeigt die Pflanzzonen und Tiefen eines „Wassergartens".

DIE ZONEN DER WASSERPFLANZEN

Wie schaut es aus mit dem Bau eines kleinen Biotops im Garten und welche Pflanzen kann man direkt ins Wasser setzen, welche müssen an den Rand? Das nehmen wir hier unter die Lupe.

Die Wassertiefe

Sie ist für das Gedeihen der Teichpflanzen entscheidend. Gemessen wird von der Oberkante der Teicherde bis zur Wasseroberfläche. Die seichteste Stelle liegt bei 0, die tiefste Stelle bei 80 bis 100 cm.

Feuchtzone Ist der äußerste Bereich des Teichs. Die hochgezogene Teichfolie am Gewässerrand verhindert, dass die angrenzende Gartenerde das Wasser über die Bodenporen (Kapillaren) aus dem Teich saugt. Genau diese Sogwirkung sorgt dafür, dass der Boden niemals austrocknet. Die Pflanzen dieses dauerfeuchten Bereichs haben mit ihren Wurzeln direkten Kontakt zum Teichwasser. Pflanzen: Trollblume, Dreimasterblume, Weiderich.

Sumpfzone 0 bis 10 cm Wassertiefe. Ein schwankender Wasserstand ist charakteristisch für die Sumpfzone. Die Pflanzen stehen bis zu 10 cm tief im Wasser – auch mal außerhalb des Wassers. Pflanzen: Gelbe Sumpfdotterblume, Schwertlilie, Sumpf-Vergissmeinnicht.

Flachwasserzone 10 bis 40 cm Wassertiefe. Die Pflanzen der Flachwasserzone zeichnen sich meist durch ein robustes Wachstum aus und vertragen je nach Art Wasserstände zwischen

10 und 40 cm. Pflanzen: Rohrkolben, Kalmus, Zungen-Hahnenfuß, Igelkolben, Wasserminze.
Tiefwasserzone 40 cm und tiefer. Die beliebtesten Teichpflanzen der Tiefwasserzone sind Seerosen. Deshalb wird dieser Bereich ab 40 bis 100 cm Wassertiefe oft auch Seerosen- oder Schwimmblattzone genannt. Pflanzen: Seerosen, Mummel, Wasserstern, Seekanne, Gelbe Teichrose, Wasserhahnenfuß, Wassernuss.

SEEROSEN RICHTIG EINSETZEN

Seerosen lieben eine ruhige Wasseroberfläche, ohne Fontänen oder Springbrunnen und wollen nicht gestört werden. Bei Neukauf: Die Teichköniginnen wollen von Mitte April bis Mitte August ihr Wasserbeet beziehen, nicht früher, nicht später. Stellen Sie die Sorten nach dem Einpflanzen zuerst in den Flachwasserbereich, damit die Blätter auf der Oberfläche liegen – nur dann können sie das volle Sonnenlicht ausnutzen und wachsen zügig an. Später tiefer senken. Und so geht's Schritt für Schritt:

Schritt 1 Der Korb wird mit frischer Seerosenerde befüllt. Verwenden Sie dafür der Umwelt zuliebe nur torffreie Erde.
Schritt 2 Seerose dem Pflanztopf entnehmen und so einsetzen, dass der Topfballen mit der Oberkante des Korbes bündig schließt.
Schritt 3 Die Erde im Korb um die Seerose mit Kieselsteinen abdecken. Das macht ihn schwerer, erleichtert das Absenken und verhindert ein Aufschwimmen.

1. Korb mit Seerosenerde befüllen.

2. Seerose vorsichtig einsetzen.

3. Zum Schluss mit Kiesel abdecken.

Für kleinere Gärten ideal: Teichbecken, die man in das Erdreich versenken kann. Die Becken gibt's in verschiedenen Größen mit gefälligen Formen.

PRAKTISCHER MINI-TEICH

Wählen Sie für Ihren Mini-Teich einen Standort, der mindestens 6 Stunden am Tag besonnt wird – ein leicht halbschattiger Bereich im Garten eignet sich gut.

Vor dem Aushub

Vor dem Erdaushub müssen die Umrisse des Fertigteiches markiert werden. Die Innenmaße Ihres Teichmodelles kennzeichnen Sie durch Aufstellen des Beckens am vorgesehenen Standort, indem Sie die Umrisse mit Sand markieren. Zur Bestimmung der Außenmaße legen Sie das Becken auf den Kopf und „zeichnen" den Rand am Gar-

tenboden ebenfalls mit Sand oder Kreide nach. Der Teichrand des Teichbeckens sollte einige Zentimeter über die Erdoberfläche ragen, da es sonst bei starken Regenfällen zu Materialeinschwemmungen in das Becken kommen kann.

Maßnahmen gegen das „Umkippen" des Teichwassers

Verwenden Sie weiches Wasser und spezielle Wasserpflanzenerde. Entfernen Sie Laub, Pflanzenteile und Algenreste. Führen Sie regelmäßig Frischwasser zu. Setzen Sie Algen fressende Wasserschnecken ein. Verwenden Sie bei Bedarf einen Teichfilter.

MINI-TEICH ANLEGEN

Für Menschen mit kleinem Garten ist der Bau eines Teichs mit einem Teichbecken die idealste und schnellste Lösung.

1.
Ausheben. Stechen Sie entlang der Markierung die Erde mit dem Spaten ab und heben Sie die Teichgrube aus. Graben Sie die Randebene 20 cm breiter. Prüfen Sie mit der Wasserwaage, ob der Aushub waagerecht ist.

2.
Becken einsetzen. Prüfen Sie nun, ob die Form korrekt passt. Entfernen Sie spitze Steine und Wurzeln, damit die Teichschale später nicht beschädigt wird. Bedecken Sie anschließend alle waagerechten Flächen mit einer 10 cm dicken Sandschicht. Füllen Sie den Spalt um den Teich mit reichlich Sand auf, um alle Hohlräume zu schließen. Sand festklopfen.

3.
Einschlämmen. Mit dem Gartenschlauch schlämmen Sie den Sand rund um das Teichbecken ein. Füllen Sie Wasser in den Teich, um zu sehen, ob er waagerecht steht.

4.
Bepflanzen. Die Teichpflanzen werden mit Teicherde in Pflanzkörbe gesetzt. Befüllen Sie die einzelnen Teichzonen mit einer Kiesschicht und bepflanzen Sie anschließend den Teich.

5.
Verschönern. Das Einsetzen von Teichpumpen für Wasserspiele ist jetzt möglich. Bepflanzen Sie auch den Teichrand, z.B. mit Gräsern. Flusskies am Rand gibt dem Mini-Teich Struktur.

URBANER GARTEN

Gärten und Balkone sind die grünen Lungen jeder Großstadt.
Pflanzen, vor allem Bäume, verbessern Luft- und Lebensqualität.

___

Gärtnern in der Stadt

Die Städte wachsen. Menschen wollen oder können selten aufs Land fahren, also holen sie sich das blühende und essbare Grün in die Stadt, auf den Balkon – auch der Großstadtmensch wünscht sich einen Rückzugsort.

Auf dem Balkon oder der Dachterrasse ist es möglich, sich mit viel Grün zu umgeben, Obst und Gemüse zu ziehen und von seinem Sitzplatz aus der Natur beim Wachsen zuzusehen. Balkonkästen können mit Kräutern, Blumen, Schlingpflanzen und Sträuchern ausgestattet werden. In der Stadt herrschen aber auch eigene Bedingungen – viel Hitze durch Beton, Abgase von den Autos, Wind in luftiger Höhe. Die meistgestellten Fragen des Balkon- oder Dachterrassenbesitzers sind: Welche Pflanzen kommen mit Trockenheit, Hitze und Wind zurecht? Welche Möglichkeiten der Bewässerung gibt es, wenn kein Wasseranschluss vorhanden ist?

URLAUBSVERSORGUNG

Vor allem bei Dachterrassen, wo das Gießen in der heißen Jahreszeit das Wichtigste ist, sollten Sie sich nach einer verlässlichen Urlaubsvertretung umschauen. Am sonnigen Balkon ist ein großer Schirm oder ein Sonnensegel die effizienteste Maßnahme, um Pflanzen gegen die sengenden Strahlen zu schützen. Man stellt sie auf Untersetzer oder in große Wannen, die mit Wasser gefüllt sind. Die Töpfe kleinerer Pflanzen können Sie vor Ihrer Abreise in Wasser eintauchen und richtig vollsaugen lassen, bis keine Luftblasen mehr aufsteigen. Größere Töpfe in Gruppen auf einer Vliesmatte im Schatten eng zusammenstellen und gut anfeuchten!

TIPP

Balkonblumenerde ist vorgedüngt, die ersten 3 Wochen nicht düngen. Dann verwenden Sie am besten einen flüssigen Balkonblumendünger, den Sie einmal wöchentlich mit dem Gießwasser verabreichen. Er enthält relativ viel Phosphat, was die Blütenbildung fördert.

Von den winterharten Pflanzen sind die Hauswurz-Arten *(Sempervivum)* die absoluten Hungerkünstler, die sich noch dazu selbst vermehren. Sie kommen mit wenig Erde und Wasser aus.

TROCKENKÜNSTLER IM ÜBERBLICK

Stauden

Dickblattgewächse *(Crassulaceae)*
Fetthenne *(Sedum)*
Eisenkraut *(Verbena)*
Woll-Ziestt *(Stachys byzantina)*
Edeldistel *(Eryngium)*
Wolfsmilch *(Euphorbia)*
Mädchenauge *(Coreopsis)*
Purpur-Sonnenhut *(Echinacea)*
Königskerze *(Verbascum)*
Bart-Iris *(Iris barbata)*
Salbei *(Salvia)*
Mohn *(Papaver)*

Balkon-/Kübelpflanzen

Geranie *(Pelargonium)*
Mittagsgold *(Gazania)*
Husarenknopf *(Sanvitalia)*
Kapkörbchen *(Osteospermum)*
Mittagsblume *(Delosperma)*
Portulakröschen *(Portulaca)*
Granatapfel *(Punica)*
Gewürzrinde *(Senna corymbosa)*
Korallenstrauch
(Solanum pseudocapsicum)
Ginster *(Cytisus)*

DIE OPTIMALEN ÜBERLEBENSKÜNSTLER

Für sehr heiße und trockene Standorte mit viel Wind und Sonne eignen sich alle dickfleischigen Blattpflanzen und Sukkulenten, da sie das Wasser in besonders hohem Maß speichern. Diese Pflanzen wachsen im Süden mit wenig Erde sogar auf heißen Steinen und vertragen wirklich extreme Bedingungen. Auch der Rosmarin verträgt viel Trockenheit. Die Aloe Vera, die Heilerin des Gartens, gedeiht selbst auf heißesten Standorten.

Merkmale der Trockenkünstler sind feiner Blätterflaum, Blätter mit silbriger Farbe sowie Blätter, die das Wasser speichern und tiefe Wurzeln, z. B. bei Rosen.

DIE DRAINAGE

Für alle Gefäße am Balkon oder auf der Terrasse ist eine Drainage unerlässlich. Sie verhindert stauende Nässe im Topf, denn die Wurzeln der Pflanzen wollen nicht im Wasser stehen.

Anleitung

— Falls nicht schon vorhanden, bohren Sie einige Löcher in das Gefäß, damit das überschüssige Wasser abrinnen kann. Den Unterboden decken Sie mit einem Stück zugeschnittenem Vlies ab. So verhindern Sie das Ausrinnen der Erde. Dann mit einer Schicht Blähton etwa 5 cm hoch auffüllen.

— Diese Schicht Blähton wieder mit Vlies bedecken. Hier verhindert Vlies, dass sich die Erde mit dem Blähton mischt. Dann füllen Sie Erde so hoch ein, dass der Topfballen der Pflanze noch unter dem Rand des Topfes steht.

— Jetzt können Sie die Pflanze einsetzen. Füllen Sie die Wände des Topfes mit Erde auf und drücken Sie sie fest. Gießrand von ca. zwei Fingerbreite lassen!

1. Löcher machen und den Boden mit Vlies abdecken. Vlies verhindert das Durchrieseln der Erde.

2. Mit Blähton auffüllen.

3. Pflanze 2 cm tiefer einsetzen, als der Topf hoch ist.

1

2

3

4

1. Der Boden wird dicht gemacht.

2. Ein Einsatz schützt vor Fäulnis.

3. Anzeiger für den Wasserstand.

4. Die Pflanze wird zum „Selbstversorger".

WASSERSPEICHER-TOPF BEPFLANZEN

Es gibt passable Lösungen für das Problem der Wasserversorgung: das Wasserspeichergefäß. Es fasst mehrere Liter Wasser, über den Füllstand gibt ein Wasserstandsanzeiger Auskunft. Bei einigen Modellen befindet sich im Pflanzgefäß eine spezielle Substratschicht, die das Wasser aufnimmt, ein Einlegeboden, ein Füllschacht mit Deckel und Granulat. Ihre Pflanzen können so bis zu 12 Wochen lang selbstständig mit der Menge Wasser und Nährstoffen auskommen, die sie benötigen. Flüssigdünger wird bei Bedarf direkt ins Gießwasser gegeben.

Anleitung

— Mit einer Münze wird das Loch am Topfboden verschlossen, sodass kein Wasser ausrinnt.

— Der Einlegeboden verhindert, dass die Wurzeln der Pflanzen im Wasser stehen. Nun füllen Sie die spezielle Substratschicht ein. Sie nimmt das Wasser auf und speichert es.

— Der Füllschacht mit dem Wasserstandsanzeiger wird eingesetzt und mit dem passenden Deckel abgedeckt.

— Die Pflanze einsetzen und mit dem Substrat auffüllen. Dann gießen und den Wasserstandsanzeiger beobachten. Steigt er bis zur Mitte auf, ist dies der optimale Füllstand für die Pflanze bis zum Einwurzeln. Wenn der Anzeiger sinkt, muss der Wasserspeicher erneut mit Wasser aufgefüllt werden.

WANDREGAL FÜR BLUMENKISTCHEN

In der Stadt auf einem schmalen Balkon gibt's oft ein Platzproblem. Da muss die Wand her! Denn sie bietet Möglichkeiten für einen vertikalen Blumenkistengarten auf engstem Raum. Die Utensilien wie Bretter, Holzschutzfarbe, Wandhalter und Blumenkisten mit Untersetzer bekommen Sie im Baumarkt.

1.
Die Regalbretter mit einer Holzschutzfarbe einstreichen und nach der Trocknung in der gewünschten Farbe anmalen.

2.
Dann die Kistchenhalterungen so montieren, dass der Abstand in der Höhe regelmäßig ist und die Blumenkästen samt Pflanzen gut hineinpassen.

3.
Kistchen mit Untersetzern auswählen und nach Geschmack bepflanzen. Wir haben hier Seggen *(Carex)*, Storchschnabel und Purpurglöckchen *(Heuchera)* gepflanzt. Als Alternative zu Stauden sind auch Kräuter oder Hängepflanzen für die Kistchen an der Wand geeignet. Der vertikale Garten wird viel Freude bereiten.

ERDBEERTURM AUS KUNSTSTOFFTÖPFEN

Hängeerdbeeren sind ideal für einen Erdbeerturm. Was Sie brauchen: 1 feste Stange oder Stiel, 5 Töpfe in fünf verschiedenen Größen, Lochbohrer, Erde, Blähton und Lavendelpflanze. Die Farbauswahl der Töpfe obliegt Ihrem persönlichen Geschmack.

1.
Stellen Sie die Töpfe der Reihe nach auf und füllen Sie etwas Blähton ein. Der unterste Topf, der größte, wird nicht angebohrt. Ihn füllen Sie mit Erde auf und stecken den Stiel hinein.

3.
Setzen Sie nun den ersten Topf auf den untersten auf, füllen Sie Erde ein und beginnen Sie, die Erdbeeren zu pflanzen, auch in die Seitenlöcher. Das wiederholen Sie bis zum obersten Topf.

2.
In die übrigen vier Töpfe bohren Sie in die Seiten in regelmäßigem Abstand Löcher von ca. 5 cm Größe. In die Topfböden bohren Sie Löcher, dem Durchmesser des Stiels entsprechend.

4.
In den obersten Topf setzen Sie Lavendel und fügen eine lustige Deko bei, z. B. eine Tafel oder ein Windrad.

5.
Der Erdbeerturm ist preisgünstig und sieht super aus. Genial für Gärten mit wenig Platz. Kann auch mit Sommerblumen bepflanzt werden.

ALTERNATIVE BEWÄSSERUNGSSYSTEME

Wenn auf dem Balkon kein Schlauchanschluss vorhanden ist, müssen alternative Bewässerungssysteme her. Diese sind auch hervorragend für eine Bewässerung der Pflanzen während langer Abwesenheit geeignet.

Tonkegelbewässerung

Das Tonkegelsystem basiert auf einem Fühler, der mit einem dünnen Schlauch den Pflanzen tropfenweise das Wasser zuführt. Für größere Gefäße können mehrere Tonkegel verwendet werden. Diese Bewässerung funktioniert stromlos. Die Tonkegel sind über Schläuche mit dem Tank verbunden und reagieren auf den Feuchtigkeitsgehalt der Erde. Es wird nur so viel Wasser abgegeben, wie die Pflanze braucht.

Urlaubsbewässerung

Das Set enthält einen Transformator mit einem Zeitschalter. Mit drei verschiedenen Verteilern, die je 12 Ausgänge haben, können Pflanzen optimal mit Wasser versorgt werden. Der Niederspannungstransformator kann sowohl außen als auch innen verwendet werden. Das Set enthält eine Pumpe mit Schmutzfilter, einen 9 Liter umfassenden Vorratsbehälter sowie 9 m Verteilerschlauch und 30 m Tropfschlauch. Da lässt sich sogar ein großer Balkon optimal mit Wasser versorgen.

PET-Flasche

Die kostengünstigste Methode: eine PET-Flasche mit Tonkegel. Trennen Sie dazu den Boden der Flasche mit einem scharfen Messer ab und stecken Sie den Flaschenhals mit dem aufgestülpten Tonkegel in den Blumentopf – nicht zu nah am Rand und nicht zu nah beim Stamm der Pflanze. Dann füllen Sie Wasser in die Flasche.

1

2

3

1. Ohne Strom geht's mit dem Tonkegel.

2. Das praktische Set zum Bewässern für 36 Topfpflanzen – im Handel erhältlich.

3. Die PET-Flasche ist ein billiger Wasserspender.

TIERGARTEN

Tier und Mensch gehören zusammen. Wenn der Mensch versucht, die Natur
nach seinem Willen zu lenken, bedeutet das für die Tiere oft Stress. Ihnen
ist es viel lieber, wenn im Garten natürliche Unordnung herrscht.

———

Es krabbelt, kreucht und fleucht

Tiere gehören zum Garten. Neben Haustieren wie Hund und Katz bewohnen Bienen, Hummeln, Schmetterlinge, Igel, Frösche, Libellen, Maulwürfe und Mäuse unsere Gärten. Viele Singvögel nisten in den Bäumen und suchen im Garten ihr Futter.

Es gibt auch Tiere im Garten, die wir weniger gerne sehen: Läuse, Schnecken, Miniermotten oder den gefräßigen Buchsbaumzünsler. Grauslich, werden Sie denken, diese Schädlinge braucht wirklich keiner! Seien Sie gnädig, denn in der Natur hat jedes Tier seine Daseinsberechtigung.

SCHNECKE IST NICHT GLEICH SCHNECKE

Was den Tierschützer im Herzen bewegt, das treibt den Gartenliebhaber oft zur Weißglut. Beim Thema Schnecken zum Beispiel. Doch selbst diese unbeliebten Gartenbewohner übernehmen im Garten nützliche Aufgaben: Sie beseitigen Kadaverreste und verfaulte Pflanzenteile. Sie sollten nicht alle Schnecken in einen Topf werfen, sondern nur die Weinbergschnecken. Die schmecken köstlich! Die Weinbergschnecke frisst übrigens Ihren Salat und Ihre Jungpflanzen nicht auf, sondern hat eine Vorliebe für die Eiablagerungen der Nacktschnecken. Praktisch.

GLEICHGEWICHT

Mit Tieren wird im Garten das natürliche Gleichgewicht erhalten: Wildbienen, Hummeln und Schmetterlinge bestäuben Obstbäume. Vögel halten die Insektenschar in Schach. Marienkäfer- und Florfliegenlarven vertilgen Blattläuse. Schlupfwespen sind der Schrecken der Raupen. Und es gibt Hausmittel gegen Tiere, die Pflanzen zum Fressen gern haben.

TIPP

Zur Wildvogel-Fütterung gehören: Körnerfutter mit Sonnenblumenkernen für Körnerfresser wie Finken, Sperlinge und Ammern. Fettfutter und Meisenknödel für Weichfresser wie Rotkehlchen, Amseln oder Zaunkönig. Außerdem ein Stück frisches Obst. Einige Vogelarten nehmen ihr Futter direkt vom Boden auf und freuen sich über Ausgestreutes.

Die selbst gemachte Vogelfuttertasse aus altem Geschirr sieht attraktiv und originell aus, wenn man sie am Baum aufhängt.

VÖGEL GUT VERSORGEN

Singvögel brauchen Plätze zum Nisten, zum Verstecken und für die Nahrungssuche.

Nistplätze

Die Hälfte aller Brutvogelarten nistet auf Bäumen oder in Sträuchern. Zaunkönig oder Rotkehlchen brüten auch gern in einem Haufen abgestorbener Äste am Boden. Lassen Sie daher alte Bäume mit Höhlen und Totholzhaufen ruhig im Garten liegen. Holzapfel, Schwarzer Holunder, Trauben-Holunder und Traubenkirsche bieten ausreichend Nahrung und Nistmöglichkeiten. Dornige Sträucher schützen schlafende oder brütende Vögel vor Elstern und Katzen.

Hecken zum Verstecken

Für kleine Gärten sind Hecken besonders geeignet. Dort brüten Buchfink, Heckenbraunelle oder Grasmücken. Schneiden Sie Ihre Hecken nur zwischen November und Februar, um brütende Vögel nicht zu stören. Efeu, Kletterbrombeeren, Kletterrosen oder Wilder Wein beleben jede Betonmauer und sind ideale Brutplätze für Amsel, Grünfink, Hänfling oder Haussperling.

Futter aus dem Garten

Vögel ernähren sich von Samen, Beeren, Insekten und Kleintieren. Pflanzen Sie Beeren tragende Gehölze, die den Vögeln Nahrung bieten. Obstbäume schenken vor allem im Spätsommer mit ihren Früchten reichlich Futter. Von den Blütenpflanzen eignen sich Rittersporn, Mohn, Schafgarbe, Königskerze, Akelei, Disteln, Karden, Kümmel, Fenchel und Sonnenblumen. Doch nicht nur Stauden, auch giftfreie, organisch gedüngte Rasenflächen sind ein Eldorado für unsere gefiederten Freunde.

Wasser

Wer keinen Teich besitzt, kann eine flache Vogeltränke aufstellen, in großer Höhe oder auf geschütztem Platz, um die Vögel vor Katzen zu bewahren. Diese „Trink- und Badeanstalt" sollten Sie regelmäßig reinigen und mit frischem Wasser auffüllen.

FUTTERSTATIONEN BASTELN

Vogelfutterhäuschen gibt's in vielen Variationen – von kitschig bis hoch luxuriös. Wie wär's mit selber basteln?

Vogelfuttertasse

Wenn Sie noch ein paar alte Tassen im Schrank haben – heraus damit! Sie sind ein origineller Behälter. Dann einfach Kokosfett in einem Topf erwärmen und mit Haferflocken und anderem Körnerfutter wie Sonnenblumenkernen versetzen. Gut durchmischen. Vogelfett heiß einfüllen, Ästchen hineinstecken und anschließend kalt stellen. Wenn der Winter kommt, mit einer Schnur am Baum aufhängen. (Nicht bei über 10 °C Tageserwärmung, sonst schmilzt das Fett.)

Vogelfutterautomat

Eine leere Weinflasche und ein paar Holzbretter – das brauchen geschickte Bastler, um im Handumdrehen mit Hilfe der Bohrmaschine einen hübschen und originellen Futterspender für Vögel selbst zu machen. Die Weinflasche kann, wenn sie leer ist, einfach wieder per Trichter mit Vogelkörnern gefüllt werden. Sie steckt in einer Holzkonstruktion, die genau ausgemessen und zusammengeschraubt werden muss. Und das geht so:

Schritt 1 Sie nehmen ein quadratisches Holzbrett und verschrauben es an drei Kanten mit vier schmalen Seitenleisten.

Schritt 2 Die Rückwand ist ein längliches Brett, etwas höher als die Weinflasche. Darauf bohren Sie zwei Brettchen jeweils mit dem Lochdurchmesser von Flaschenhals (unten) und Flaschenboden (oben) an. Rückwand und Bodenbrett verschrauben Sie miteinander im rechten Winkel.

Schritt 3 Die Flasche füllen Sie mit Vogelfutter und stecken sie in die Löcher. Futterflasche an einem katzensicheren Ort aufstellen.

1

2

3

1. Der Unterboden:
Futterstelle für die Körner.

2. Zwei Bretter stabilisieren
die Weinflasche.

3. Vogelfutter – vor Regen
gut geschützt.

1

1. Das Ohrwurmhaus beherbergt nützliche Blattlausjäger.

2. Im Aludosen-Hotel überwintern die Wildbienen.

2

EINFACHE INSEKTENBEHAUSUNGEN

Insektenhotels selber bauen? Ja, mit einfachen Handgriffen, fast gratis, aber nicht umsonst.

1-Sterne-Wildbienenhotel

Diese Behausung ist ganz einfach und Sie können sie mit den Kindern selbst machen. Gebrauchte Aludosen bitte nicht wegwerfen, sie sind perfekt für das Insektenhotel. Wildbienen dient dieses Insektenhotel als Überwinterungs- und Nisthilfe. Für Kinder, die gerne kreativ sind: Die Aludose kann noch hübsch bemalt werden, bevor man sie füllt.

So geht's Machen Sie mit einem Nagel an Kopf und Ende der Dose zwei Löcher, damit Sie die Dose später mit einer Schnur waagerecht liegend aufhängen können. Ein paar Holunderäste in gleich große Stücke nach Dosenlänge schneiden und durchbohren – geht ganz leicht, denn

Holunder hat weiches Mark. In die Dosen stecken, auf dem Baum aufhängen und fertig. Wildbienen legen dann ihre Eier in den Röhren der Holunderstängel ab.

Ohrwurmhaus

Sie bemalen einen Tontopf mit Acrylfarben und verzieren ihn mit gemalten Motiven nach Ihren Vorlieben. Eine Schnur oder Bast an ein Ästchen binden und beim Loch des Topfes nach oben einfädeln. Am Topfboden außen nochmals ein Ästchen dranknüpfen. Dann den Tontopf mit Stroh oder Holzwolle füllen und zunächst von den Ohrwürmern am Boden liegend besiedeln lassen. Am besten geht das bei faulem Obst im Garten. Sind die Ohrwürmer eingezogen, wird das Ohrwurmhaus auf den Baum gehängt. Ohrwürmer fressen schädliche Insekten wie Blattläuse und Spinnmilben.

5-STERNE-INSEKTENHOTEL

Wir zeigen Ihnen, wie man ein Insektenhotel aus Paletten selber macht. In diesem Luxusgebäude wird später die Pflanzenpolizei einziehen: Florfliegen, Schlupfwespen, Marienkäfer und Hummeln.

1.
Sechs Europaletten übereinander stapeln. Die 7. Palette mit der Kreissäge so ausschneiden, dass nur ein Rahmen bleibt. Anschließend aufsetzen und so einrichten, dass das Insektenhotel Kante auf Kante und ganz gerade steht.

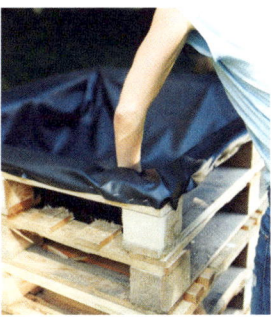

2.
Teichfolie schneiden, die Enden umbiegen und am Palettenrand festtackern, sodass genug Platz bleibt, um den oberen Rand mit Erde aufzufüllen.

3.
In die Zwischenräume kommen verschiedene Materialien, die Löcher haben: Ziegel, hohle, trockene Äste und Zweige, Stroh, Bambus, Schilfrohr, Zapfen, Hartholzstücke mit vorgebohrten Löchern sowie Tonscherben. Ein roter Farbfleck lockt die Florfliegen an.

4.
Mit Erde füllen und das „Hochbeet" im Idealfall mit Bienenpflanzen bestücken: Lavendel, Thymian, Katzenminze und duftende, einfachblühende Sommerblumen.

5.
Ein gut frequentiertes Insektenhotel wird von Wildbienen ganzjährig gebucht. Marienkäfer, Schlupfwespen und andere Jäger übernachten während der Pirsch: Sie sind scharf auf Blattläuse und andere Schädlinge.

1. Schnecken meiden Kupfer! Hochbeete mit einem Kupferband umwickeln, dann nehmen sie gleich reißaus.

2. Über die raue und kratzige Schafwoll-Barriere am Rand des Hochbeets kommen die Schleimer nicht drüber! Naturschafwolle ist auch im Blumenbeet ein kratziges Hindernis, das jeden Schneck verschreckt.

WAS TUN GEGEN LÄSTIGE SCHNECKEN?

Schnecken sind eine Gartenplage. Sie knabbern frischen Salat, Basilikum und Funkien an, fressen frisches Grün in Blumenbeeten und zerstören unser Blumenwerk im Garten. Wir Gärtner haben keine Freude mit ihnen. Die gefräßigsten unter ihnen sind die Nacktschnecken. Die Schneckenjäger Igel und Erdkröte verschmähen sie, weil sie so bitter sind. Als würde das nicht reichen, sind sie auch noch schnell: Aktionsradius 15 m pro Tag. Ganz schön flott für schleimige „Raspel-Socken". So können wir die Schnecken etwas verschrecken: Beete regelmäßig auflockern, um die Hohlräume, wo sie sich gerne verstecken, zu zerstören. Bei Schneckenplage immer nur morgens gießen. Schneckenkorn gibt's auch biologisch. Das Schneckenkorn enthält Eisen-III-Phosphat. Die Verwendung ist ungefährlich.

HAUSMITTEL GEGEN GEFRÄSSIGE GÄSTE

Maulwürfe und Wühlmäuse lassen sich durch eine PET-Flasche gut vertreiben. In den meisten Fällen

1. Die Schärfe von geriebenem Meerrettich im Wassersud treibt Wühlmäuse und Maulwürfe in die Flucht.

2. Der Boden der Flasche wird weggeschnitten und kopfüber in die Erde gesteckt. Die eingefüllte Flüssigkeit sickert langsam in die Gänge von Maulwurf und Wühlmaus. Vorgang öfter wiederholen.

nehmen die Plagegeister bald reiß-aus. Gegen Maulwürfe gibt's ein natürliches Vertreibungsmittel: Lavendelöl. Sein Geruch hält lange an und ist für Maulwürfe schier unerträglich. Ein paar Tropfen Lavendelöl in 1 Liter Wasser geben, vermischen und durch die PET-Flasche in die Gänge gießen. Das Duftöl schlägt sie in die Flucht, ohne ihnen zu schaden. Gut zu wissen: Maulwürfe sind geschützt!

Meerrettich gegen Wühlmäuse
Eine große Meerrettichwurzel reiben und über Nacht im lauwarmen Wasser ziehen lassen. Meerrettichbrühe langsam in die PET-Flasche einfüllen. Eine scharfe Sache ist das und beim Meerrettichgeruch heißt es für die Wühlmaus nur mehr: Renn!

Oregano-Sud gegen saugende Insekten
Ein Sud aus Oregano hilft gegen saugende und fressende Schädlinge. Dazu den Sud über Nacht einwirken und abkühlen lassen. Dann in eine Sprühflasche füllen und die Blätter von befallenen Pflanzen damit öfter besprühen.

NATURGARTEN

Ein Naturgarten ist ein Garten der ökologischen Vielfalt. Seine Pflanzen sind dem Standort angepasst. Er wird in sanfter Weise und rein biologisch bewirtschaftet.

Naturnah gärtnern

Ein Naturgarten zieht Tiere an. Bienenpflanzen und ein wildes Eck mit Brennnesseln sollten darin wachsen. Nicht jedes Unkraut wird ausgerissen, es darf auch mal stehen bleiben.

Blumen vermehren sich durch Selbstaussaat, Schmetterlinge finden sich ein, Hummeln sammeln Nektar und Singvögel finden ein Zuhause. Vielleicht ist da auch ein natürlicher Gartenteich mit Fischen und Fröschen. Die Pflanzen sind standortgerecht, man sorgt für regelmäßigen Fruchtwechsel. Der Boden wird mit Mikroorganismen behandelt. Torffreie Erde, Pflanzenstärkungsmittel und biologischer Pflanzenschutz kommen zum Einsatz. Natürliche Materialien wie Holz und Stein werden verwendet. Das schwarze Gold des Gärtners, der Kompost, wird selbst gemacht.

KEIN GIFT IM GARTEN

In einem natürlichen Garten sollten Sie auf jegliches Gift verzichten. Biologische Dünger, Pflanzenjauchen als Stärkungsmittel und der Einsatz von Nützlingen sind die bessere Alternative, weil gesünder. Großmutters Hausmittel werden wieder angewandt: Ackerschachtelhalmbrühe gegen Mehltau und die gute alte Schmierseife gegen Läuse. Alles ohne Gift.

ALTERNATIVER GARTEN

Aus alten und gebrauchten Sachen neue zu machen, liegt im Trend. Nichts wegwerfen und überlegen, wie man alte Kübel, Töpfe, Öfen oder Geschirr im Garten einsetzen und mit neuen Funktionen brauchbar machen kann. Paletten werden zu Sitzmöbeln umfunktioniert, aus der entsorgten Badewanne entsteht ein Hochbeet.

Eine alte Türe wird zum Arbeitsplatz fürs Umtopfen und Einpflanzen. Probieren Sie es aus!

TIPP

Immer mehr Menschen sind heute vom naturnahen Gärtnern überzeugt. Sie wissen, dass das mit einem verwilderten Unkrautmeer nichts zu tun hat. In einem Naturgarten sind Gifte, chemische Dünger und Torf überflüssig.

In die Kompostmiete kommen als unterste Schicht grobe Äste, Reisig und Stöcke.

KOMPOST – DAS SCHWARZE GOLD DES GÄRTNERS

Sie können aus Ihren Garten- und Küchenabfällen eigene Erde machen und wertvollen Dünger. Eine vierköpfige Familie mit einem 300 m² großen Garten erzeugt über 1000 kg Bioabfall pro Jahr. Zwei Kompostbehälter mit je 500 Litern Fassungsvermögen machen daraus Erde. Und die hat man stets direkt im Garten verfügbar, wenn man sie braucht.

Welcher Standort für den Komposter?

Ein windgeschützter Platz im Halbschatten unter einem Baum oder hinter der Hecke. Der Untergrund darf nicht versiegelt sein. Abstand zum Nachbargrundstück 50 cm.

Was darf auf den Kompost?

Mist von Stall- und Haustieren, Küchenabfälle, Gartenabfälle wie Laub und das Schnittgut von Hecken, Rasen und Sträuchern sowie maximal 3 % Holzasche.

Was darf nicht auf den Kompost?

Straßenkehricht, Staubsaugerbeutel, Glas, Metalle, Kunststoffe, Textilien und Fleischreste, Rosenschnitt, Blätter vom Nussbaum, Schnittblumen aus dem Supermarkt.

Wie erhält man guten Kompost?

Gut durchlüften, indem Sie feuchtes mit trockenem Material mischen. Bei längerer Trockenheit abdecken. Wenn viele Küchenabfälle anfallen, frische Erde einmischen. Holzreste und groben Strauchschnitt zerkleinern oder häckseln. Zweimal im Jahr umsetzen. Kompostwürmer einsetzen.

KOMPOST ANSETZEN

Kompost ist ein humusreiches Rotteprodukt aus organischen Abfällen. Als Komposter dient ein Palettenaufsatz. Ist er aufgestellt, bedeckt man den Boden mit zerkleinerten Holzresten und anderem grobem Material, damit von unten eine gute Durchlüftung gewährleistet ist. Jetzt kann das kompostierbare Material aufgebracht werden. Wichtig: möglichst viele verschiedene Materialien gut vermischen, damit er locker und gut durchlüftet bleibt.

Anleitung

– Auf den Boden kommt ein Hasengitter gegen das Eindringen der Wühlmäuse. Die unterste Schicht besteht aus grobem Schnittgut. Äste, Reisig und Stöcke sorgen für Sauerstoffzufuhr von unten.
– Jetzt können Sie abwechselnd 8 bis 10 cm dicke Schichten aus braunem und grünem Material auftragen. Grüne Materialien wie Grasschnitt und Bio-Abfälle sind stickstoffreich. Braune Materialien wie Laub, Stroh, gehäckseltes Holz sind kohlenstoffreich.
– Die Feuchtigkeit im Kompost ähnelt einem nassen Handtuch: Nicht tropfend, aber sehr feucht. Der Kompost schrumpft ab jetzt kontinuierlich. Bauen Sie immer zwei Rahmen auf. So kann bereits ein zweiter Komposter angelegt werden, wenn der erste voll ist.

1. Die nächsten Schichten im Kompost bestehen aus Grasschnitt, Laub oder Stroh.

2. Wässern ist wichtig, damit alles gut feucht bleibt.

REGENWURM-HUMUSBOX

Eigenen Humus im Hochbeet erzeugen? Das geht mit der Regenwurm-Humusbox, die es fertig zu kaufen gibt. Wurmpopulation inclusive. Nachhaltige Verwertung der Küchenabfälle und kleiner Mengen von Gartenabfällen wird so auch auf Dachterrassen und Balkonen möglich.

3.

Würmer ziehen ein. Den Spalt rund um die Box mit Erde ausfüllen und fest andrücken. Anschließend die Kompostwurmpopulation sowie einige Küchenabfälle in die Humusbox hineingeben.

1.

Box im Hochbeet versenken. Die Humusbox auf der gewünschten Stelle platzieren. Die Aushubstelle durch festes Andrücken der Box markieren.

2.

Loch ausheben. Im gekennzeichneten Bereich das Loch für die Box ausheben. Die Humusbox einsetzen (sollte etwa 1 cm aus dem Erdreich herausragen). Nun ca. 5 cm hohe Drainageschicht aus Hanfstroh einlegen.

4.

Abdecken. Nur noch den Deckel montieren und die Humusbox ist startbereit. Die Würmer erzeugen wertvollen Kompost, der nach einigen Wochen entnommen werden kann.

ZU DEN WURZELN GIESSEN: JAUCHEN

Sie schnipseln das Pflanzenmaterial in ein Kunststoffgefäß (kein Metall!) und füllen es mit Wasser auf. Rand lassen, da die Jauche gärt. In die Sonne stellen und öfter rühren. Steinmehl hilft gegen Geruch. Die Jauche ist nach 14 Tagen fertig und kann im Abstand von 2 Wochen, 1:10 mit Wasser verdünnt, direkt zu den Pflanzenwurzeln gegossen werden. Brennnesseljauche fördert die Pflanzengesundheit. Beinwelljauche ist ein guter Kalidünger für Tomaten und Kartoffeln. Holunderjauche wirkt unverdünnt gegen Wühlmäuse und Maulwürfe.

ÜBER DIE BLÄTTER SPRÜHEN: BRÜHEN

So stellen Sie Brühen zur Pflanzenstärkung her: 1 kg frisches Pflanzenmaterial zerkleinern, mit 10 l Wasser bedecken, über Nacht ziehen lassen. Dann eine halbe Stunde schwach aufkochen, abseihen, abkühlen lassen. Brühe 1:5 verdünnt bei trübem Wetter auf die Blätter sprühen. Ackerschachtelhalmbrühe: gegen Mehltau, Monilia, Kräuselkrankheit und Rosenrost. Birkenblätterbrühe: gegen Schorf. Rainfarnbrühe: gegen Milben, Kohlweißlinge, Apfelwickler. Wurmfarnbrühe: gegen Schild- und Blutläuse sowie Blattläuse. Wermutbrühe: gegen Apfelwickler, Kohlweißlingsraupen und Brombeermilben einsetzen.

1. Für eine Jauche die Brennnesseln klein schneiden und in ein abdeckbares Kunststoffgefäß füllen. Mit Wasser bis 10 cm unter dem Rand auffüllen. Sonnig stellen und öfter umrühren. Die Jauche beginnt zu gären.

2. Es riecht streng. Eine Handvoll Urgesteinsmehl einstreuen. Nach 2 bis 3 Wochen hört die Jauche auf zu schäumen und nimmt braune Farbe an. Dann ist sie fertig und wird abgedeckt. Zum Düngen und Stärken 1:10 mit Wasser verdünnen und zu den Wurzeln gießen.

1. Aus einem Holzstamm wird eine lang brennende Feuerstelle.

2. Wenn es dunkel wird, die Brennpaste anzünden!

UPCYCLING – EINE IDEE GEHT UM DIE WELT

Wer hats erfunden? Erstmals verwendet wurde der Begriff Upcycling 1994 von einem pfiffigen Ingenieur namens Reiner Pilz. Er äußerte sich damals kritisch in einem Artikel einer britischen Zeitschrift über den Unsinn des Baustoffrecyclings. Man müsse Rohstoffe aufwerten, um ein Produkt höheren Wertes zu erlangen. Somit waren Begriff und Gedanke geboren. Drei Jahre später veröffentlichte Gunter Pauli ein Buch mit dem Titel „Upcycling-Konzept". Es war eine detailgenaue Wiedergabe der Pilz'schen Idee. Es fällt auch in der Gartenbranche auf fruchtbaren Boden, denn in Privatgärten findet sich immer Gebrauchtes zum praktischen Umfunktionieren.

Schwedenfeuer

Sie brauchen eine Kettensäge, Brennpaste, Holzstamm und Unterlage. Schneiden Sie zuerst mit der Kettensäge ein tiefes Kreuz in den trockenen Baumstamm und machen Sie in den Zwischenräumen noch ein Kreuz – sieht dann aus wie viele Kuchenstücke. In den Mittelpunkt der Schnittstellen schmieren Sie etwas Brennpaste. Achtung! Vor dem Anzünden das Schwedenfeuer auf eine Unterlage stellen, damit die Wiese nicht verbrennt. Das Feuer flackert sehr lange und sieht noch dazu bei Nachtlicht fantastisch abenteuerlich aus.

ARBEITSPLATZ AUS ALTER TÜRE

Eine tolle Idee: Aus einer alten Türe und einem alten Tisch wird mit ein paar Handgriffen ein Arbeitsplatz im Garten, zum Umtopfen oder Einpflanzen.

1.
Eine alte Türe verschrauben Sie mit einem alten Tisch, sodass der Arbeitsplatz beliebig aufgestellt werden kann.

4.
Am Tischfuß wird noch ein Ablagebrett befestigt – für schwere Töpfe, Kübel oder Erdsäcke.

2.
Zum Aufhängen von Gartengeräten montieren Sie einige attraktive Haken.

3.
Ein ausgedientes Bord wird Ablage für Samentüten, Dünger und was sonst noch gebraucht wird – Töpfe oder Gartenwerkzeug.

5.
So könnte Ihr fertiger Arbeitsplatz aussehen. In die Tischlade kommen dann alle Utensilien, die Sie zum Beschriften, Umtopfen oder Gießen brauchen.

Nützliche Adressen

Zier- und Nutzpflanzen
D: www.lubera.com
   www.pflanzmich.de
   www.schob.de
Ö: www.starkl.at

Gemüsesaatgut
D: www.bingenheimersaatgut.de
   www.dreschflegel-saatgut.de
Ö: www.austrosaat.at
   www.starkl.at
   www.reinsaat.at

Kräuter & Stauden
www.arends-maubach.de
www.graefin-v-zeppelin.com
www.pflanzenverand-gaissmayer.de
www.ruehlemanns.de
www.staudenmann.de

Bäume & Sträucher
www.hachmann.de
www.LvE.de

Kübelpflanzen
www.floramediterranea.de
www.flora-toskana.com

Zimmerpflanzen
D: www.evrgreen.de
   www.uhlig-kakteen.de
Ö: www.starkl.at

Pflanzenkübel und -kästen
D: www.blumixx.de
   www.die-gartenscheune.de
   www.scheurich.de
Ö: www.capi-europe.com
   www.lechuza.at
   www.starkl.at
   www.timberra.com

Europaletten
www.ernst-handel.de

Bewässerung
D: www.gardena.com
   www.pflanzmich.de
Ö: www.blumatshop.at
   www.starkl.at

Kompostwürmer & Humusbox
www.vermigrand.eu
www.wurmwelten.de

Geräte
www.stiga.at

Holz / Zubehör
www.obi.at

Rollrasen
www.starkl.at
www.zehetbauer.at

Register

BILDNACHWEIS

Alle Farbfotos für dieses Buch wurden von Michael Starkl, Berlin aufgenommen.

Mit einer Illustration von Instant Design GmbH/Gerald Költringer.

IMPRESSUM

Umschlaggestaltung von Claudia Eder, Augsburg. Alle Fotos von Michael Starkl. Bis auf Außenklappe hinten unten (Motiv zeigt Michael Starkl), dieses Foto wurde von David Waltl aufgenommen. Sowie hintere Klappe innen links (Motiv zeigt Leading Team Gartenkult-Sendung), dieses Foto wurde von Katharina Gritzner aufgenommen.

Alle Angaben in diesem Buch sind sorgfältig geprüft und geben den neuesten Wissensstand bei der Veröffentlichung wieder. Da sich das Wissen aber laufend in rascher Folge weiterentwickelt und vergrößert, muss jeder Anwender prüfen, ob die Angaben nicht durch neuere Erkenntnisse überholt sind. Dazu muss er zum Beispiel Beipackzettel zu Dünge-, Pflanzenschutz- bzw. Pflanzenpflegemitteln lesen und genau befolgen sowie Gebrauchsanweisungen und Gesetze beachten. Die Blütenfarben sind sortenabhängig, daher können auch Farben auf dem Markt sein, die im Buch nicht genannt werden. Die Blütezeiten sind ebenfalls sortenabhängig, aber auch klima- und standortabhängig. Die angegebenen Wuchshöhen und -breiten der Pflanzen sind Mittelwerte. Sie können je nach Nährstoffgehalt des Bodens variieren. Verschiedene Sorten können deutlich größer oder auch kleiner wachsen als die Art.

Unser gesamtes Programm finden Sie unter **kosmos.de**.
Über Neuigkeiten informieren Sie regelmäßig unsere
Newsletter, einfach anmelden unter **kosmos.de/newsletter**

Gedruckt auf chlorfrei gebleichtem Papier

© 2018, Franckh-Kosmos Verlags-GmbH & Co. KG, Stuttgart.
Alle Rechte vorbehalten
ISBN 978-3-440-15988-0
Projektleitung: Birgit Grimm
Redaktion: Birgit Grimm
Gestaltungskonzept: Gramisci Editorialdesign/Cornelia Sekulin, München
Gestaltung und Satz: Katrin Kleinschrot, Stuttgart
Produktion: Klaus Jost
Druck und Bindung: Print Consult GmbH, München
Printed in Slovakia/Imprimé en Slovaquie

DER GARTEN-PROFI

Josef Starkl ist der Älteste des Starkl-Familienclans und führt die Baumschule in Aschbach bei Amstetten. Sein Betrieb liegt im reizvollen Hügelland des Mostviertels in Niederösterreich und umfasst Pflanzenversand, „Palmenhaus" als Gartencenter und die Schaugartenanlage „Garten der 4 Jahreszeiten". Gemeinsam mit seinen Söhnen Josef und Franz produziert der leidenschaftliche Gärtner Obst, Sträucher, Rosen und Bäume. Sein Credo: „Grund und Boden sind ein wertvolles Gut, das ich meiner Familie gesund hinterlassen möchte – daher wird bei uns kein Gift gespritzt."

DIE DREHORTE

Die GartenKult Beiträge wurden in verschiedenen Privatgärten, aber vornehmlich im Schaugarten STARKL Frauenhofen bei Tulln und STARKL Aschbach bei Amstetten gedreht.

Beide Schaugärten sind ganzjährig öffentlich zu besichtigen, mit benachbartem Gartencenter. Sie sind ein beliebtes Ausflugsziel für Reisende, herrliche Kulisse für Naturfotografen und dekorative Bühne für Hochzeitspaare, die den alten Baumbestand des Parks und die Vielfalt der Pflanzen schätzen. Mehr Infos und Bilder auf *www.starkl.at*